INTRODVCTION A LA VIE
ET
AVX VERTVS CHRESTIENNES.

Par M'. OLIER Prestre, ancien Curé de la Parroisse du Faux-bourg S. Germain à Paris, Instituteur, Fondateur, & premier Superieur du Seminaire de Saint Sulpice.

A PARIS,
Chez IACQVES LANGLOIS, Imprimeur ordinaire du Roy, dans la grande Salle du Palais, à la Reyne de Paix.
ET
EMANVEL LANGLOIS, ruë Saint Iacques à la Reyne du Clergé.

M. DC. LVII.
Auec Priuilege du Roy, & Approbation.

Approbation de Monseigneur l'Euesque de Montauban.

L'On ne sçauroit ce me semble apprendre mieux que dans cette Introduction à la vie Chrétienne, cette espece de pieté que Saint Paul a appellée vtile à toutes choses pour la vie presente & pour la vie future, dont il a recommandé l'exercice aux Fideles en écriuant à Timothée en ces termes; *Exercez-vous à la pieté, elle sert à tout ; & qui la pratiquera, se peut promettre les auantages de la vie de ce monde & de l'autre.* Ie souhaite que ce Liure, où cette vertu est si bien representée, ait beaucoup d'humbles Lecteurs qui se laissent conduire à l'esprit de la Grace celeste, si visible dans la doctrine qu'il contient, & à laquelle l'Autheur de ces pensées pieuses n'appelle pas moins fortement les

Chrestiens, que cette Trompette de l'Ange qui fera ouurir les tombeaux au dernier iour du Monde, appellera tous les Hommes à la vie ressuscitée. Nous aurions lieu d'en attendre les mesmes effets, de voir reuiure les Pecheurs morts, & acquerir de nouuelles forces aux justes languissans, si la resistance des cœurs n'estoit plus grande que celle de la pierre des sepulchres. Mais il y a au moins sujet d'esperer raisonnablement que les vns & les autres se pourront seruir vtilement des Saintes Leçons de cét Ouurage, que j'approuue auec vne entiere estime, comme j'en ay toûjours consideré l'Autheur auec vn veritable respect. Fait à Paris ce 3. Mars 1657.

PIERRE, Euesque de Montauban.

Approbation de Monseigneur l'Euefque du Puy.

L'ABBE' Pasteur dans la vie des Peres, auoit raison de dire, que le Docteur qui ne pratique pas ce qu'il enseigne aux autres, est semblable à vn puits qui fournit les eauës necessaires pour lauer les souïlleures d'autruy, & qui neantmoins retient dans son sein la terre & le limon. Graces à Dieu, il n'en est pas de mesme de l'Autheur de ce precieux Ouurage que ie viens de lire auec admiration. Nous pouuons dire que ce digne ABBE', vray PASTEVR des Ames, qui a caché son nom & sa vertu auec tant de soin, aussi-bien que les auantages de sa Naissance & de sa Dignité, n'a rien mis dans ce Liure de *l'Introduction à la vie & aux Vertus Chrestiennes*, non plus que dans tous ses autres écrits, que des veritez tres-pures, & des ma-

ã iij

ximes tres-solides, qu'il a puisées dans les sources tres-claires de l'Euangile, & dans vn exercice continuel d'vne Oraison tres-sublime & tres-éleuée.

Il a pratiqué dans vne haute perfection tout ce qu'il a enseigné aux autres, lors que les enseignemens qu'il donnoit au prochain, pouuoient estre compatibles auec sa profession. Il a fait de sa sainte vie la premiere minute, & le veritable original de tout ce qu'il nous a laissé par écrit : Il a imité son bon Maistre & le nostre; il a commencé de s'expliquer par ses actions plûtost que par ses paroles : Il a refusé les premieres Mîtres du Royaume, que nostre grande Reine luy a offert par l'estime qu'elle faisoit de sa rare pieté : & bien que la modestie de ce parfait Ecclesiastique, dont les exemples en ce point ne sont pas tout à fait ordinaires, l'ait porté à ce constant & genereux refus des plus éminentes dignitez de l'Eglise; bien qu'il n'ait pas voulu monter sur les Thrônes du Clergé; il a neantmoins conscrué les troupeaux du Fils de Dieu: Il a refusé le Sceptre d'vn Dauid, mais non pas sa houlete, ses sueurs, ses peines & ses combats: Il a donné vne pâture excellente aux ames fideles: Il a fait la guerre aux ennemis de Dieu: Il a vaincu les Philistins, & terrassé les Ours & les Lions. Dieu vueille que la ialousie de quelque Saül ne s'offense point des loüäges que ie dois aux victoires qu'il a réportées plus de dix mille fois sur le vice & sur l'ignorance. On peut dire auiourd'huy qu'il a quitté la terre, que c'estoit vn homme du Ciel, admirable dans la pureté de sa vie, comme dans celle de sa doctrine: On peut dire de sa doctrine, qu'elle rend témoignage aux veritez de l'Euangile, que c'est vne lumiere qui fait naître dans les esprits le eau iour de la Pieté; que c'est vne

ã iiij

guide asseurée pour la conduite de la vie, & vne messagere fidelle qui porte dans vne ame des agreables nouuelles du bôheur de l'Eternité.

En vn mot on trouue dans ses écrits cette onction abondante de la grace, qu'on trouue dans quelques liures spirituels, qui sont côme les sources de la vie deuote: Par exemple, le Combat spirituel, que l'Incomparable Euesque de Geneue a porté dans sa poche durant le cours de tant d'années ; Gerson de l'Imitation de nostre Seigneur ; la Philothée, le Theotime ; & les autres Ouurages du grand Seruiteur de DIEV François de Sales.

De mesme aussi l'on peut dire que les Liures de ce digne Abbé dont ie parle, impriment fortemét dans les cœurs le mépris des maximes du siecle, l'estime de la Foy, la dignité de nos Mysteres, l'amour de la Religion, & l'esperance d'vne meilleure vie. Donné à Paris ce 2. Avril 1657.

HENRY E. du Puy C. de Vellay.

APPROBATION
des Docteurs.

NOus souſſignez Docteurs en la Faculté de Theologie à Paris ; Certifions auoir veu & leu vn Liure intitulé, *Introduction à la vie & aux Vertus Chreſtiennes,* compoſé par Monſieur OLIER, Bachelier en la meſme Faculté de Theologie, Ancien Curé de la Parroiſſe Saint Sulpice lez-Paris, &c. lequel nous auons trouué conforme à la doctrine de la Foy Catholique, & ne rien enſeigner contraire aux bonnes mœurs, que plûtoſt l'Autheur y explique foncierement & ſolidement les veritables principes de la vie Chreſtienne & Spirituelle, en ſorte que la lecture en pourra eſtre tres-vtile, & de grande edification à toutes ſortes de perſonnes. C'eſt pourquoy nous l'auons iugé digne d'eſtre donné au public, pour la plus grande gloire de DIEV. En Foy de quoy nous auons signé. Ce douziesme de May mil six cens cinquante-sept. Signé, L. BAIL & ANT. RAOVIER DE POVSSÉ.

Extraict du Priuilege du Roy.

PAR grace & Priuilege du Roy, Il est permis à IACQVES LANGLOIS nostre Imprimeur ordinaire, d'imprimer vn Liure intitulé, *Introduction à la Vie & aux Vertus Chrestiennes, Par vn Prestre du Clergé*: Et deffenses sont faites à toutes personnes d'imprimer ledit Liure, à peine de tous dépens, dommages, & interests, & autres peines portées par ledit Priuilege. Signé, OLIER.

TABLE DES CHAPITRES ET SECTIONS CONTENVS en ce Liure.

CHAP. I. De la Religion de IESVS-CHRIST. Page 1

CHAP. II. De la Premiere Conformité que nous deuons auoir auec IESVS-CHRIST. p. 12

CHAP. III. De la Seconde Conformité que nous deuons auoir auec IESVS-CHRIST. p. 21

CHAP. IV. De la Pratique des Vertus. p. 32.

Maniere de faire Oraison sur les Vertus. p. 36

CHAP. V. De l'Humilité. p. 45

Section Premiere.
De la Nature de l'Humilité. p. 47

Section Seconde.
Des Motifs de l'Humilité. p. 76

TABLE

Section Troisiéme.
Des Fondemens de l'Humilité. p. 83

Section Quatriéme.
Des Pratiques de la vraye Humilité. p. 100

Section Cinquiéme.
Des Marques de la vraye Humilité. p. 103

CHAP. VI. *De la Superbe.* p. 107

Section Premiere.
Motifs pour faire detester la Superbe. p. 108

Section Seconde.
De la Nature de la Superbe. p. 114

Section Troisiéme.
Des Degrez de la Superbe. p. 124

CHAP. VII. *De la Vertu de Penitence.* p. 132

Section Premiere.
Diverses sortes de Penitences Interieures. p. 141

Section Seconde.
De l'Esprit de Penitence. p. 148

Section Troisiéme.
De l'Exercice de la Penitence en Esprit. p. 159

Section Quatriéme.
Motifs & Profession de Penitence. p. 162

Section Cinquiéme.
Pratiques de la Vertu de Penitence. p. 164

DES CHAPITRES.
Section Sixiéme.
Des Fruits & des Effets de la vraye Penitence. p.179

CHAP. VIII. *De la Mortification.* p. 187
Section Premiere.
Premier Motif de la Mortification. p.191
Section Seconde.
Second Motif de la Mortification. p.206
Troisiéme Section.
Troisiéme Motif de la Mortification. p. 210
Section Quatriéme.
Quatriéme Motif de la Mortification p. 213
Section Cinquiéme.
De l'Exercice, ou Pratique de la Mortification. p.222
Section Sixiéme.
Motifs contre l'Immortification. p. 229

CHAP. IX. *De la Patience.* p.237
Section Premiere.
Des Degrez de la Patience. p.238
Section Seconde.
Des Motifs de la Patience. p. 242

CHAP. X. *De la Douceur.* p.252
CHAP. XI. *De la Pauureté.* p. 258
Section Premiere.
De la Nature de la Pauureté. p. 260
Section Seconde.
Diuision de la Pauureté. p.265

ē ij

TABLE DES CHAPITRES.

Section Troisiéme.
De la Pauureté Exterieure. p. 266

Section Quatriéme.
De la Pauureté Interieure. p. 268

Section Cinquiéme.
Des Fondemens de la Pauureté. p. 277

Section Sixiéme.
Motifs de la Pauureté. p. 290

Section Septiéme.
Autres Motifs de la Pauureté. p. 294

Section Huictiéme.
Du mal de la Proprieté. p. 302

Section Neuuiéme.
Des Effets de la Proprieté & de l'Abnegation. p. 305

Chap. XII. De la Chasteté. p. 313

Section Vnique.
Remedes contre les Tentations d'Impureté. p. 315

Chap. XIII. De l'Obeyssance. p. 327

Section Vnique.
Motifs de l'Obeyssance. p. 329

Chap. XIV. De la Charité enuers le Prochain. p. 340

Section Premiere.
Des Conditions de la Charité enuers le Prochain. p. 344

Section Seconde.
Des Marques de la Vraye & Parfaite Charité enuers le Prochain. p. 350

Chap. XV. De la Maniere de faire ses œuures par le principe de la vie Chrestiéne. p. 361

Fin de la Table des Chapitres & Sections.

INTRODUCTION A LA VIE CHRESTIENNE.

De la Religion de IESVS-CHRIST.

Chapitre I.

OSTRE Seigneur IESVS-CHRIST est venu en ce monde pour y apporter le respect & l'amour de son Pere, & pour y établir son Royaume & sa Religion. Il ne luy a demandé autre chose pendant sa vie ; & c'est ce qu'il a fondé pendant l'espace de trente trois ans qu'il a vécu sur la tere, & ce qu'il a desiré incessam-

A

ment de procurer dans l'esprit & dans le cœur des fidéles, qu'il preuoyoit auoir esté ordonnés, pour estre ceux en qui il deuoit répandre sa mesme Religion, afin d'honorer son Pere en eux, comme il faisoit en luy-mesme.

Il a demandé cette grace pour les hommes, & leur a merité durant sa vie : Et c'est ce qu'il a fait aussi en sa mort ; où en mesme temps qu'il l'a demandée pour eux, il a donné témoignage du respect & de l'amour qu'il portoit à son Pere ; qui sont les deux choses que comprend la Religion. Il connoist son Pere si pur & si Saint, qu'il ne voit rien qui merite de viure & de subsister deuant luy : Ce qu'il proteste par la mort qu'il endure, pour témoigner & faire paroistre cette verité.

Il meurt encore par amour aussi bien que par reuerence : Car il se soûmet à la mort, & l'accepte tres-volontiers & auec joye, parce

Oblatus est quia ipse voluit. Isa. 53. v. 7.

qu'il y voit le plaisir & la satisfaction de son Pere; Et voyant qu'il n'estoit point satisfait pour les pechez qu'on commettoit contre luy, il meurt pour le contenter entierement, & pour ne laisser rien à satisfaire.

Proposito sibi gaudio sustinuit crucem. Ad Hebr. 12. v. 2.

Il donne par là exemple aux Chrestiens qui font profession de sa mesme Religion, de son mesme respect, & de son mesme amour, qu'ils ne doiuent rien épargner pour en témoigner les vrays sentimens, qui les doiuent porter dans l'occasion iusqu'au point du Sacrifice; Estant plus seur de rendre son Sacrifice réel, que de se contenter d'vne simple disposition, qui souuent est trompeuse.

Nostre Seigneur a continué apres sa mort de procurer aux hommes cette Religion enuers DIEV par toutes les inuentions de son amour: Et il leur a donné son mesme Esprit, qui est celuy de DIEV viuant en luy, pour establir

A ij

en eux les mesmes sentimens de son ame, afin que dilatant ainsi sa sainte Religion, il fit de luy & de tous les Chrestiens vn seul Religieux de DIEV.

Regnant au Ciel, il vit dans le cœur & dans la plume de ses Euangelistes, pour establir par tout le mépris de la creature, & le respect de DIEV seul. Il est viuant dans le cœur & dans la bouche de ses Apostres & de ses Disciples, pour annoncer par tout le Royaume de DIEV, pour procurer l'adoration que merite son saint Nom, & pour luy donner des sujets parfaitement soûmis, & des adorateurs qui le respectent en esprit & en verité.

Veri adoratores adorabunt Patré, in Spiritu & veritate. nã & pater tales quærit. Ioñ. 4.23.

C'est encore proprement la fonction de l'Esprit de Dieu dans les Prestres, qui continuë en eux ce qu'il faisoit en IESVS-CHRIST. Il y procure par exemples, par paroles, par écrit, & par toutes les voyes possibles, la sainte Religion

à la vie Chrestienne.

de Dieu, qui seul merite d'estre adoré & respecté dans le mépris de toutes choses. Tout n'est que vanité & que figure hors de luy; Car tout l'estre creé n'est qu'vne écorce legere de l'estre qui est caché en luy, qui se fait voir en quelque façon sous la couleur de tout ce qui paroist. Toute la figure passera quand Dieu voudra cesser de paroistre sous des figures, & quand il fera voir à découuert tout ce qu'il est. Quand les yeux de l'esprit seront ouuerts & affermis par la lumiere de la gloire, alors le monde ne sera plus pour nous vne chose agreable, non plus que l'ombre lors que le corps paroist ; ou que le portraict, auquel on ne fait plus d'attention quand la personne se presente. Le masque ne paroist plus agreable quand le visage est découuert : Ainsi tout paroîtra figure, masque & neant, quand Dieu se rendra visible à l'ame en tout ce qu'il est.

Præterit enim figura huius mūdi. 1. ad Cor. 7. v. 31.

DIEV donc soit adoré en luy, & tout perisse deuant luy en nostre esprit, puisque tout n'est rien en sa presence. Preuenons par esprit de Religion l'aneantissement & le Sacrifice vniuersel de tout cét estre, qui doit perir pour DIEV, en témoignage de sa grandeur & de sa saincteté. Que nostre Foy soit la lumiere & le flambeau de nostre Religion, pour faire le Sacrifice deuant DIEV de tout l'estre present. Car si IESVS-CHRIST mesme veut estre sacrifié par le grand respect qu'il luy porte, & par l'estime qu'il fait de luy & de sa saincteté; combien plus deuons-nous tout sacrifier à DIEV, & mépriser toutes choses, pour n'estimer & ne voir que ce qui seul est veritable, & qui seul merite d'estre estimé & reueré?

Deuant le veritable DIEV, il n'y a point d'Idoles à reuerer: Il faut que tout soit mis en cendres. Donc que toute la creature perisse deuant mon DIEV. Et comme Noſtre Seigneur en ce ſacrifiant a pretendu tout aneantir, & faire vn Sacrifice de toutes choſes en luy, parce qu'il auoit tout reüny en ſa perſonne ; Il eſt juſte que nous condamnions & que nous ſacrifions toutes les choſes hors de luy, qui ſont d'autant moins ſaintes qu'elles ſont moins en luy. Et c'eſt la marque veritable de noſtre Religion, de Sacrifier tout à DIEV, & de témoigner ainſi comme tout eſt vil & abjet deuant luy, n'eſtimant & ne reſpectant aucune choſe que luy ſeul.

ἀνακεφα-
λεώσαθαι
ad Epheſ.
I. 10.
Recapitulare. Hier.

Enfin Noſtre Seigneur pour dilater ſa ſainte Religion enuers DIEV, & pour la multiplier en nos ames, viét en nous, & ſe laiſſe en la terre entre les mains des Preſtres comme Hoſtie de loüange, pour nous cómunier à ſon Eſprit d'Hoſtie, nous appliquer à ſes loüanges, & nous communiquer interieurement les ſentimens de ſa Religion: Il se répand en nous, il s'insinuë en nous, il embaûme nostre ame, & la remplit des dispositions interieures de son Esprit Religieux; en sorte que de nostre ame & de la sienne, il n'en fait qu'vne, qu'il anime d'vn mesme esprit de respect, d'amour, de loüange, & de sacrifice interieur & exterieur de toutes choses à la gloire de DIEV son Pere; Et ainsi il met nostre ame en communion de sa Religion, pour faire de nous en luy, comme nous auons dit, vn vray Religieux de son Pere.

Et mesme pour perfectionner nostre estat, & pour nous mettre dans le poinct de la Religion la plus pure & la plus sainte, il nous communie à son estat d'Hostie; pour estre auec luy vne Hostie; & n'estre pas seulement Religieux en esprit, mais encore en verité, c'est à dire, en realité; ayans interieurement sacrifié en nous tout l'estre present de la chair en tous ses sentimens: ne les ayans pas seulement sacrifiés cōme IESVS-CHRIST en Croix par mortification & par crucifiement interieur; mais ayans tout consommé interieurement auec IESVS-CHRIST consommé sur l'Autel. C'est là le poinct de perfection où il nous appelle en cette vie; puisque par sa presence intime en nous & par son feu qui nous deuore, il nous communie à l'estat le plus parfait de sa Religion, qui est d'Hostie consommée à la gloire de DIEV, d'Hostie qui ne vit plus en soy de sa vie propre & de la vie de la chair; mais qui vit totalement de la vie diuine, & de la vie consommée en Dieu.

C'est proprement l'estat de la vie resuscitée, où nous sommes appellez à l'imitation de Nostre Seigneur, qui est exterieurement consommé en son Pére au iour de sa Resurrection, & qui veut que nous soyons aussi interieure-

Mortificationem IESV in corpore nostro circumferentes. 2. ad Cor. 4. 10.

ment refufcitez & confommez en luy. C'eſt pourquoy il dit qu'il a communiqué aux hommes la clarté que ſon Pere luy a donnée. Cette clarté eſt l'eſtat reſuſcité qu'il auoit deſia eu dans l'Hoſtie en la Cene. *Vt ſint vnum, ſicut & nos vnum ſumus. Ego in eis, & tu in me.* Ie ſuis en eux ayant le meſme effet que vous, ô mon Pere, qui eſtes en moy, auez en moy; Ie les viuifie, comme vous me viuifiez ; Ie les conſomme comme vous me conſommez. Il demande donc que nous ſoyons comme des Hoſties viuantes, ſaintes & agreables à DIEV. C'eſt pourquoy ſaint Paul ne prie pour rien auec plus d'inſtance, que pour faire paruenir les Chreſtiens à cette conſommation parfaite en IESVS-CHRIST ſelon l'Eſprit, qui les rende interieurement tout ſemblables à luy; Ie prie DIEV de tout mon cœur, qu'il vous faſſe paruenir au poinct de conſomma-

Et ego claritaté, quam dediſti mihi, dedi eis. Joa. 17. 22. Ibid. v. 23.

Ibidem. Vt ſint cóſummati in vnum. Ibid.

Hoſtiam viuétem, ſanctam Deo placentem. Ad Rom. 12. 1.

Oramus veſtram conſummationē. 2. ad Cor. 13. 9.

tion, que ie desire estre en vous par la vertu du Saint Esprit de IESVS-CHRIST, qui vous consomme interieurement auec luy.

Ce sera là l'ouurage du Saint Esprit, qui doit venir en ce monde pour rendre témoignage de la verité à nos cœurs; & bien mieux que saint Iean qui n'estoit que son organe: Car il est l'Esprit de verité.

Ce sera luy qui interieurement par la Foy commencera de nous découurir la fausseté & le mensonge de toute la creature, & de tout ce qui n'est pas DIEV. Il nous le fera mépriser, comme le rien auprés de ce Tout si grand, si magnifique & si admirable: Il nous en donnera dégoust; & par ce dégoust nous en dégageant entierement, il nous portera à DIEV auec ardeur, & nous vnira à luy si intimement, qu'il nous fera tous vn en luy, & nous cõsommera parfaitemét en ressemblance de IESVS-CHRIST consommé en son Pere.

Testimonium perhibuit veritati. Ioan. 5. 33. Cùm autem venerit ille spiritus veritatis, docebit vos omnem veritatem. Ioa. 16. 13.

De la Premiere Conformité que nous deuons auoir auec Iesvs-Christ.

Chapitre II.

Prædestinauit conformes fieri imaginis filij sui. Ad Rom. 1. 29.

NOus sommes tous obligez d'estre conformes à Iesvs-Christ. Saint Paul nous l'apprend lors qu'il dit, que Dieu nous a predestinez pour estre conformes à l'image de son Fils.

Consepulti enim sumus cũ illo per baptismũ in morté, &c. Si complatati facti sumus

Or cette Conformité consiste à luy ressembler, Premierement en ses Mysteres exterieurs, qui ont esté comme des Sacremens des Mysteres interieurs qu'il deuoit operer dans les ames. De sorte que comme Nostre Seigneur a esté crucifié exterieurement, il faut que nous le soyons interieurement ; Comme il a esté mort exterieurement, il faut que nous le soyons interieuremét ;

à la vie Chrestienne.

Comme il a esté enseuely exterieurement, il faut que nous soyons enseuelis interieurement. Et cette vie interieure exprimée par les Mysteres exterieurs, & les graces acquises par ces mesmes Mysteres doiuent estre en tous, puis qu'elles ont esté meritées pour tous. C'est pourquoy saint Paul parlant de tous, disoit; *Vous estes morts.*

Il est vray que Dieu a reserué particulierement certaines ames, pour exprimer mesme exterieurement en elles ces saints Mysteres; Comme nous le voyons dâs quelques saints Religieux qu'il a enuoyez sur la terre afin de renoutueller la vie de Iesus-Christ, & qui ont esté si abondamment remplis de son Esprit & de la grace de ses Mysteres, qu'ils ont exprimé au dehors son estat mesme exterieur: Tel a esté saint François, en qui l'Esprit de Nostre Seigneur Iesus-Christ Crucifié a esté si pleinement répandu, qu'il a re-

similitudini mortis eius simul & resurrectionis erimus. ad Rom. 6. Pro omnibus mortuus est Christus, vt & qui viuunt, iam non sibi viuant Sed ei qui pro ipsis mortuus et & resurrexit. 2. ad Cor. 5. 15. Mortui estis. Ad Col.3. 3.

jaliy iufques fur fa chair, & qu'il a fait voir au dehors de luy, par les playes qu'il a portées en fon corps, le Myftere du Crucifix : Ce qu'il laiffe encore à continuer à fes enfans, qui exercent fur leur chair vne mortification continuelle : Tel a efté faint Benoift, qui a exprimé la fepulture de IESVS-CHRIST en fe tenant caché dans vne cauerne, & laiffant fes enfans dans des tombeaux : Tels ont efté plufieurs autres Saints qui ont paru dans la fainte Eglife, & qui ont porté quelques marques exterieures des Myfteres : Mais pour le refte des Chreftiens, à qui ils ont laiffé l'exemple de leur deuotion, leur mettant ces Myfteres fenfiblement deuant les yeux, quoy qu'ils ne ne foient pas dans cette conformité exterieure à ces mefmes Myfteres, ils font toufiours obligez d'en poffeder les graces & l'Efprit.

à la vie Chrestienne. 15.

L'Esprit des saints Mysteres nous est donné par le Baptême, & il est operant en nous des graces & des sentimens qui ont rapport & conformité aux Mysteres de Iesvs-Christ. C'est à nous seulement à le laisser operer, & en vertu de ses graces & de ses lumieres agir sur nous & sur autruy conformément aux saints Mysteres.

Par exemple, nous auons en nous l'Esprit de Iesvs-Christ Crucifié, qui nous donne lumiere & grace pour nous Crucifier interieurement, pour nous mortifier dans les occasions où nostre chair demande ses plaisirs & ses satisfactions, & pour nous rendre ainsi conformes interieuremét à Iesvs-Christ Crucifié.

C'est ainsi que ce mesme Esprit nous donne grace pour participer & pour nous rendre semblables à Iesvs-Christ Resuscité; ayans interieurement vne vie cachée en Dieu, comme il l'auoit exterieurement. Car Premierement, comme il estoit separé exterieurement du commerce des hommes, & qu'il estoit retiré en son Pere, priant en luy, & viuant en luy, sans estre veu entre les hommes & sans conuerser parmy eux: De mesme il faut que nostre ame soit retirée interieurement du commerce des creatures & de la conuersation auec elles; Il faut qu'elle soit dégagée de l'amusement aux choses de la terre; Il faut qu'elle n'en soit plus interieurement occupée; Il faut qu'elle n'ayt plus ny pensées ny affections pour elles: Ainsi se retirant d'entre-elles en esprit, & s'occupant en DIEV, elle quitte toutes les affections par lesquelles elle estoit répanduë dans le mõde & dans les creatures visibles, & elle comméce à entrer en DIEV, pour viure auec luy dans la solitude & dans la retraitte interieure; Et par ce moyen elle entre dans l'estat mesme de la Resurrection.

à la vie Chrestienne.

Secondement, Nostre Seigneur estoit caché en Dieu par sa sainte Resurrection ; en sorte que sa vie, c'est à dire, la vie de sa chair, sa vie humaine, sa vie d'infirmité, estoit perduë en Dieu : Car estant consommé en Dieu, comme le bois dans le feu, il ne paroissoit plus rien en luy que Dieu, en qui il estoit perdu, enseuely & entierement abîmé.

Or cette vie resuscitée, & cette vie de Dieu en Dieu, est la vie cachée des Chrestiens, à laquelle ils doiuent tous participer & aspirer, à cause de l'vnion intime qu'ils sont obligez, mesme en cette vie, d'auoir auec Dieu, qui, comme vn feu deuorant & vne fournaise tres-ardente, engloutit l'ame, l'absorbe, l'abysme, la perd ; & ainsi la cache en luy. C'est là la participation du Mystere de la Resurrection ; C'est la vie resuscitée, qui se donne, selon saint Paul, à tous les Chrétiens par le Baptême : *Vt quomodo* *Ad Rom.* 6. 4.

Christus surrexit à mortuis per gloriam Patris, ita & nos in nouitate vitæ ambulemus. Comme IESVS-CHRIST en sa Resurrection est entré en la vie de DIEV; en sorte qu'il ne viuoit plus de la vie de la chair, l'ame n'animoit plus son corps de la façon grossiere dont elle l'animoit auparauant, c'est à dire, pour seruir à ses besoins & à l'vsage de la vie du monde; mais cette ame toute diuinisée estoit toute engloutie, perduë & absorbée en DIEV; & tout ce que la chair auoit de terrestre & de grossier, estoit aussi entierement consommé par la gloire : De mesme la vie Chrestienne porte interieurement vn transport de toute nostre ame en DIEV, en sorte qu'elle ne pense plus en suitte, qu'à l'aymer, qu'à le voir, qu'à se ressouuenir de luy, qu'à le seruir de toutes ses forces, transportant à DIEV & à son seruice tout l'vsage de sa vie & de sa vertu.

Ainsi l'ame en cét estat de vie resuscitée & de vie diuine, ne se sent plus estre attachée à la chair pour la seruir, & pour suiure ses inclinations & ses mouuemens; mais elle est tellement haletante vers DIEV, qu'il n'y a que la moindre partie d'elle-mesme qui anime la chair. C'est pour lors la moindre occupation de l'ame, que de donner la vie au corps, qui demeure à demy-mort & sans vigueur, à cause que l'ame est transportée en DIEV, & ne vit plus qu'en DIEV. Et comme elle emprunte les qualitez de DIEV & de son estre Diuin, qui bien loing d'estre propre à nous animer, l'est plustost à nous consumer, estant tout feu en luy, estant aussi tout l'estre pour qui toutes choses sont faites, & qui n'est fait pour aucune; De là vient que l'ame est bien plus pour luy que pour le corps; & ainsi elle se perd bien plustost en luy, qu'elle n'est pas capable de l'attirer au corps pour l'animer, & pour rendre DIEV sa forme.

L'ame donc estant en DIEV & se perdant en luy, s'abysmant en son amour & s'vnissant à luy, deuient participante de la vie de DIEV mesme, & est ainsi resuscitée en esprit. Elle est interieurement participante de la Resurrection du Fils de DIEV, qui exterieurement estoit caché en DIEV en la vertu de cette vie diuine, qui le perdoit en elle, & qui abysmoit tout l'estre infirme & la vie de la chair qui estoit auparauant en luy. C'est là la premiere conformité à laquelle l'Esprit de IESVS-CHRIST nous appelle, lors qu'il nous dit que nous le suiuions en nous rendant semblables à luy.

Et sequatur me. Matt. 16. 24.

De la Seconde Conformité que nous deuons auoir auec Iesvs-Christ.

Chapitre III.

La Seconde Conformité que nous deuons auoir auec Iesvs-Christ, est celle que nous deuons auoir à son interieur en ses Mysteres : En sorte que nos ames soient renduës conformes en leurs sentimens & dispositions interieures, non seulement à l'exterieur des Mysteres, comme nous auons veu, mais encore aux dispositions & sentimens interieurs, que Nostre Seigneur auoit dans ces mesmes Mysteres.

En cela consiste proprement la vie Chrestienne, que le Chrestien viue interieurement par l'operation de l'Esprit, en la maniere que Iesvs-Christ viuoit. Sans cela il n'y a point d'vnité, ny de côformité parfaite, à laquelle pourtant nous appelle Noſtre Seigneur, qui veut que nous viuions auec luy, par l'operation de l'Eſprit, d'vne vie auſſi veritablement vne, comme le Pere & le Fils viuent entr'eux, qui n'ont rien qu'vne vie, vn ſentiment, vn deſir, vn amour, vne lumiere, à cauſe qu'ils ne ſont qu'vn meſme Dieu viuant dans les deux Perſonnes.

C'eſt pour ce ſujet que l'Eſprit de Dieu eſt répandu dans les Chreſtiens, comme dans les membres d'vn meſme corps, pour les animer d'vne meſme vie, & auoir en eux les meſmes operations qu'il exerçoit en Iesvs-Christ, dilatant ainſi ſes occupations, diſpoſitions, amours & mouuemens. Et tout de meſme qu'vne goutte d'huile ſur vn ſatin blanc, qui n'occupoit auparauant qu'vn petit coin de l'eſtoffe, ſe dilate en peu de temps ſur toute la piece ; ainſi l'Eſprit de Dieu en Iesvs-Christ, qui eſtoit viuant dans ſon cœur, auec le temps & la succession des années que les fideles se trouuent vnis à IESVS-CHRIST, se dilate dans tous, & fait que tous sont faits participans d'vn mesme goust, d'vn mesme odorat, & enfin des mesmes sentimens. C'est le mesme Esprit en tous, operant en tous les mesmes choses ; En sorte qu'étans ainsi transformez & reformez par luy en Nostre Seigneur au fond de leur ame, ils ne sont plus differens par les sentimens particuliers de la chair & de l'amour propre, qui regnent ordinairement en vn chacun differemment selon la diuersité de leurs temperamens & de leurs caprices differens; mais ils sont tous vn par l'vnité d'vn seul Esprit regnant en eux, & penetrant leurs cœurs. Ils ne sont plus differens par la diuersité des Religions ; *Vbi non est Gentilis & Iudæus, circumcisio & præputium. Non est Iudæus, neque Græcus;* Ny par la distinction des climats,

Ad Col. 3. 11.
Al Gal. 3. 28.

par la diuersité des nations, par l'opposition des temperaments & des mœurs barbares, *Barbarus & Scytha*; Ny par la differéce des côditions, *Seruus, & liber*; Ny encore par la diuersité des sexes, *Non est masculus neque femina*; Parce qu'ils sont tous vne mesme chose en IESVS-CHRIST, *Omnes enim vos vnum estis in Christo Iesu*; & que IESVS-CHRIST, est toutes choses en tous, *Sed omnia in omnibus Christus*.

Ad Col. ib.
Ibid.
Ad Gal. 3. 28.
Ibid.
Ad Col. 3. 11.

Et non seulement il les remplit des dispositions generales de son cœur, comme d'horreur du peché, d'aneantissement de luy-mesme, d'adoration profonde & de reuerence de son Pere, d'amour parfait du prochain, mais encore des dispositions particulieres qu'il a euës en ses Mysteres. Car comme toutes ces dispositions saintes en l'ame de IESVS-CHRIST estoient l'objet de la complaisance & des ioyes de Dieu son Pere, de là vient que le Saint Esprit, qui ne recherche

che par tout que cette complaisance du Pere, se plaist à se répandre ainsi en operations saintes dans les ames disposées à le laisser agir en elles.

C'est ce qu'il opere à la gloire de Dieu, particulierement dans les ames calmes & vuides de toutes choses qui luy en donnent le loisir, & ce qu'il desire sur tout de faire dans celles qui sont choisies pour representer Iesvs-Christ sur la terre, & pour continuer sa vie de Chef & de Pasteur enuers les hommes; sa vie de supplément des hommes; qui est la vie du Prestre, lequel tiét la place de Iesvs Christ, pour suppléer à la Religion de tous les hommes, & estre ainsi le Religieux vniuersel de l'Eglise, priant, loüant, aymant pour tous, se chargeant & s'acquittant des deuoirs de tous, comme Reparateur des obmissions de tous.

Voila donc le dessein du Fils de Dieu venant sur la terre. Il a vou-

B

lu continuer dans les Chrestiens la sainteté de ses Mysteres & exterieurs & interieurs, & établir en eux ces deux Conformitez ; En quoy consiste la parfaite ressemblance des Membres à leur Chef.

La voye de DIEV pour faire cét ouurage si sublime, à du rapport à la conduite qu'il tient dans l'ordre de la nature, où rien ne se fait tout d'vn coup ; mais châque chose va croissant peu à peu, & s'acquerant insensiblement la perfection, à laquelle la Sainte Prouidence de DIEV veut l'éleuer dans l'ordre naturel. Ainsi il faut estre enfant auāt que d'estre homme parfait : Et il faut que les arbres portent des bourgeons, des fueilles & des fleurs, auant que de porter des fruicts. Il en est de mesme dans la vie spirituelle : Il faut commencer Premierement, & auancer en suite, auant que d'estre acheué. Car comme la sublimité de l'estat Chrestien consiste à la participation & à la Communion sainte de IESVS-CHRIST Nôtre Seigneur resuscité, monté au Ciel, & consommé en DIEV son Pere; aussi auant que d'y pouuoir paruenir, il faut auoir passé par son premier Estat, qui est celuy de la mortification, de la souffrance & de la Croix, de l'abaissement & de la mort à tout.

Les Chrestiens pour estre dans leur veritable Vocation, qui est de representer IESVS-CHRIST en eux, doiuent exprimer en leur vie tous ses Estats tres-saints, & dans le mesme ordre qu'ils ont esté en IESVS-CHRIST. Et par consequent, comme IESVS-CHRIST nostre Modele sacré a premierement souffert toutes les ignominies possibles, les foüets & les gibets; qu'il est mort & qu'il a esté enseuely auant que de resusciter & que d'entrer dans sa gloire, *Oportuit pati Christum, & ita intrare in gloriam suam*: Il faut aussi qu'vn

Luc 24.26

Chreſtien porte en ſoy tous ces Eſtats d'humiliation, auant que de pouuoir participer à ſa ſublimité & à ſa grandeur.

La vie Chreſtienne à deux Parties; la Mort, & la Vie. La Premiere ſert de fondement à la Seconde. Cela eſt reïteré dans les écrits de Saint Paul; & particulierement dans le Sixiéme Chapitre de l'Epître aux Romains. *Ignorez-vous, qu'ayans eſté baptiſez en* IESVS-CHRIST, *nous auons eſté baptiſez en ſa Mort? Car nous auons eſté enſeuelis auec luy dans la Mort par le Baptesme: afin que comme il eſt reſuſcité, nous marchions auſſi dans vne nouuelle vie:* Et aprés il adjoûte: *Faites eſtat que vous eſtes morts au Peché & viuans à* DIEV *en* IESVS-CHRIST. Et en mille autres endroits, il repete ces deux Membres de l'eſtat Chreſtien; En ſorte toutefois, comme nous auons dit, que la Mort doit toûjours preceder la Vie. Et cette Mort n'eſt autre

An ignoratis quia quicuque baptiſati ſumus in Chriſto Ieſu, in morte ipſius baptiſati ſumus? conſepulti enim ſumus cum illo per baptiſmū in mortē: vt quomodo Chriſtus ſurrexit à mortuis per gloriā Patris, ita & nos in nouitate vitæ ambulemus.

chose que la ruïne entiere de tout nous-mesmes, afin que tout ce qu'il y a d'opposé à Dieu en nous estant détruit, son Esprit s'y établisse dans la pureté & dans la sainteté de ses voyes.

Existimate vos mortuos quidē esse peccato; viuentes autē Deo, in Christo Iesu. Ad Rom. 6. 11.

C'est donc par la Mort qu'il faut entrer dans la Vie Chrestienne. Mais il faut sçauoir de quelle façon se fait cette Mort, & comment l'Esprit de Iesvs-Christ l'opere en nous. Et pour cela il faut remarquer la difference qu'il y a entre l'Esprit de Dieu & l'Esprit de Iesvs-Christ: Car quoy que l'Esprit de Dieu & celuy de Iesvs-Christ ne soient qu'vn, neantmoins à cause des diuerses operations qu'il produit, il prend quelquefois le nom d'Esprit de Dieu, & quelquefois le nom d'Esprit de Iesvs-Christ.

Lors que le S. Esprit agit en nous, & qu'il y établit des vertus de force, de vigueur & de puissance; & qu'il nous met dans la participation des perfections & des attributs de DIEV, qui n'enferment en eux aucun abbaissement, alors cét Esprit diuin s'appelle Esprit de DIEV, parce que DIEV entant que DIEV n'a en luy que la Grandeur & la Majesté : Mais lors que ce mesme Esprit opere en nous les Vertus de IESVS-CHRIST, qui sont les Vertus Chrestiennes, qui portent auec elles l'abbaissement & l'humiliation, comme sont l'amour de la Croix, de l'Humilité, de la Pauureté, du Mépris; alors cét Esprit Saint s'appelle Esprit de IESVS-CHRIST. Nous auons donné aduis de cette difference, afin que dans la suite on fasse discernement de ces façons de parler.

Or c'est cét Esprit de IESVS-CHRIST qui nous met dans la mort au Peché; Par ce mot de Peché, j'entends toute la vie de la Chair, que Saint Paul appelle ordinairement Peché; Et il opere en nous cette Mort en établissant dans le fond de noſtre ame les Vertus de IESVS-CHRIST, c'eſt à dire, les Vertus qu'il a operées en IESVS-CHRIST conſideré dans ſon premier Eſtat, c'eſt à ſçauoir, dans ſon Eſtat d'abbaiſſement & d'humiliation.

Ainſi c'eſt par les Vertus Saintes que l'Eſprit de IESVS-CHRIST crucifie noſtre Chair, & qu'il la fait mourir à elle-meſme ; Eſtant tres-aſſeuré que ſi quelqu'vn pretend d'éleuer l'édifice de la Vie Spirituelle ſur vn autre fondement, il n'y a qu'illuſion & que tromperie; jamais il n'aura de ſolidité, mais inceſſamment il ſera chancellant, & tombera au premier vent des tentations & des contradictions. La Sainte Mortification, qui vient de la ſeule pratique ſolide des Vertus, eſt la pierre ferme ſur laquelle on doit édifier, & ſans laquelle il n'y a point d'aſſeurance.

Tâchons donc ſerieuſement à trauailler à cette Premiere Partie, afin que nous soyons dignes d'àuoir part à la Seconde. Pour ce sujet nous parlerons dans la suite de quelques Vertus Chrestiennes, qui sont les plus necessaires pour nous établir dans cét estat de Mort.

De la Pratique des Vertus.

CHAPITRE IV.

POur entrer dans la Pratique des Vertus de Nostre Seigneur, on peut bien quelquefois sans veuë & sans discernement particulier, s'appliquer à l'Esprit seul de IESVS-CHRIST, qui est le principe de toute Vertu, pour les puiser en luy. Mais c'est vne grande grace quand il nous en donne la veuë distincte, qu'il nous en découure en particulier la nature & les inclinations, & qu'il nous fait entrer dans l'Esprit de celles qu'il faut pratiquer dans les occasiōs. Et quoy que cette veuë semble moins simple, neantmoins comme elle est plus dilatée, elle donne plus d'intelligéce des Vertus, qui sont en luy en eminence & en simplicité; & vne grace plus generale pour les acquerir: Ce qui est vn tres-grand secours pour la perfection, & pour la ressemblance à IESVS-CHRIST.

La conduite de DIEV pour y auancer vne ame est; Premierement, de luy donner la veuë des fautes contraires aux Vertus, & de l'impuissance qu'elle a de s'en deffendre & de s'en preseruer, hors du secours de IESVS-CHRIST.

Secondement, de luy mettre deuant les yeux des personnes accomplies, qui sont dans l'estude & dans la pratique de la pureté des Vertus, & qui luy sont comme des Modeles viuans & des supplémens de la presence de IESVS-CHRIST; & en suite de luy donner le desir de les imiter.

Troisiémement, ce bon Maistre

des ames fait la grace & d'appaiser par son Esprit la Chair opposée à la Vertu, & mesme mal-gré sa resistance, il fait entrer interieurement dans l'exercice des Vertus.

Quatriémement, il luy donne la veuë de leur pureté, & de la maniere sainte dont Nostre Seigneur mesme les pratiquoit, établissant l'ame dans la disposition des Vertus par Iesus-Christ, qui en est l'vnique Maistre; Et l'ame qui y est ainsi établie s'y naturalise tellement, qu'elle n'a de joye ny de liberté que dans ce diuin exercice.

Or la meilleure disposition par laquelle nous puissions estre preparez à donner lieu à l'Esprit de nous posseder, pour nous établir par luy en ses Vertus, est l'aneantissement interieur. Si bien qu'aussi-tost que nous nous serons laissez aneantir à ce diuin Esprit en tout nous-mesmes, nous nous verrons établis par luy dans la disposition de toutes les Vertus, & dans vne preparation & inclination à les pratiquer toutes dans l'occasion ; & nous viurons en cette disposition continuelle. Ie prie IESVS-CHRIST noſtre Amour, ſi c'eſt la gloire de ſon Pere, de nous vouloir accorder cette grace de nous voir touſiours aneantis, petits, & les plus petits des hommes, les pauures petits eſclaues & ſeruiteurs de tous, quoy que tres-indignes, nous aduoüans encore plus indignes que nous ne ſçaurions exprimer & conceuoir, & voyans les autres incomparablement au deſſus de nous.

Or comme le moyen le plus court pour nous tenir en cét aneantiſſement, & pour attirer en nous l'Eſprit Saint qui y établiſſe les Vertus, eſt de nous preſenter ſouuent à Noſtre Seigneur comme pauures mendians, petits, aneantis & dépoüillez de tout, mais ſoûpirant aprés noſtre perfection, ce qui ne ſe fait iamais mieux que par l'Oraison, nous auons crû deuoir donner icy vne Methode qui facilitera beaucoup cét exercice.

Maniere de faire Oraison sur les Vertus.

LA Methode que Nostre Seigneur enseigne à ses Disciples, ne se donne qu'au défaut des soins plus particuliers de l'Esprit, qui conduit ses Enfans dans la Priere.

Lors qu'il les tient dans le delaissement, & qu'ils ne sçauent pas les voyes qu'il faut tenir, ils se trouuent fort empéchez pendant ce temps, s'ils ne sont retenus & reglez par quelque saint Modele qui les conduise.

Nous en proposerons icy vn facile, & qui est conforme au dessein mesme de DIEV le Pere exprimé autrefois dans la Loy. Il consiste a auoir Nostre Seigneur deuant les yeux, dans le cœur, & dans les mains. C'est ainsi que par ordre

à la vie Chrestienne. 37

de DIEV les Iuifs deuoient porter la Loy: *Erunt verba hæc in corde tuo. Et ligabis ea quasi signum in manu tua, erūtque & mouebūtur inter oculos tuos.* <small>Deut. 6. v. 6. & 8. & 11. v. 18. 19.</small>

Le Christianisme consiste en ces trois Points; & toute cette Methode d'Oraison y est comprise; à sçauoir, de regarder IESVS, de s'vnir à IESVS, & d'operer en IESVS. Le Premier porte au respect & à la religion; le Second à l'vnion ou à l'vnité auec luy; le Troisiéme à l'operation non pas solitaire, mais jointe à la vertu de IESVS-CHRIST, que nous auons attirée sur nous par la Priere. Le Premier s'appelle Adoration; le Second Communion; le Troisiéme Cooperation. <small>Cōnoistre, Faire, Aymer.</small>

Or afin de pouuoir appliquer aisément cét exercice à toutes les Vertus, nous en dōnerōs icy vn Modele sur la Vertu de la Penitence.

PREMIER POINT.

AYONS NOSTRE SEIGNEVR DEVANT LES YEVX.] C'est à

dire, Considerons auec respect IESVS-CHRIST Penitent pour nos pechez. Honorons en luy le saint Esprit de Penitence, qui l'a animé dans tout le cours de sa vie, & qui en suite a remply le cœur de tous les Penitens de l'Eglise.

Tenons-nous en reuerence & en respect vers vne chose si diuine & si sainte : Et aprés que nostre cœur se fera répandu en amour, en loüanges, & en autres deuoirs, demeurons quelque-temps en silence deuant luy, dans ces mesmes dispositions & sentimens Religieux au fonds de nostre ame.

SECOND POINT.

AYONS NOSTRE SEIGNEVR DANS LE COEVR.] Aprés auoir ainsi respecté IESVS-CHRIST & son saint Esprit de Penitence, nous passerons vn temps à soûpirer aprés ce diuin Esprit. Nous prierons cét Esprit, à qui seul appartient de faire vn cœur nouueau, & de former vne ame de Penitence, de vouloir descendre en nous. Nous le conjurerons par toutes les inuentions de l'amour, de vouloir venir en nostre ame pour nous rendre conformes à Iesvs-Christ Penitent, ayans à continuer en nous la Penitence qu'il a commencée en luy, & deuans porter la partie & la mesure de la peine, qui est deuë à vn corps plain de peché comme le nostre.

Nous nous donnerons à luy pour en estre possedez, & pour estre animez de sa vertu: En suite dequoy nous demeurerons encore vn temps en silence auprés de luy, pour nous laisser détremper interieurement de son Onction diuine, afin qu'il nous porte dans les occasions à tel exercice de Mortification qu'il luy plaira.

Troisiesme Point.

Ayons Nostre Seigneur dans les mains.] Le Troisiéme Point de l'Oraison, est de porter

Noftre Seigneur dans les mains ; c'eft à dire, de vouloir que fa diuine Volonté s'accompliffe en nous, qui fommes fes Membres, qui deuons eftre foûmis à noftre Chef, & qui ne deuons point auoir de mouuement, que celuy que nous donne IESVS-CHRIST noftre Vie & noftre Tout; qui rempliffant nôtre ame de fon Efprit, de fa vertu & de fa force, doit eftre operāt en nous & par nous tout ce qu'il defire.

Il eft dans les Pafteurs, Pafteur; dans les Preftres, Preftre; dans les Religieux, Religieux; dans les Penitens, Penitent ; & par eux il doit operer les œuures de leur Vocation. Il doit donc operer en nous des effets de Penitence ; & nous deuons toufiours eftre en cét Efprit dans vne cooperation fidelle à tout ce qu'il veut faire en nous, & operer par nous. Ainfi pour Troifiéme exercice, nous nous donnerons à cét Efprit, que nous auons attiré fur nous dans le Second

Point, pour operer par luy le long du iour les œuures de Penitence, desirant de viure en luy sans relâche, puisque c'est pour cela que nous l'auons souhaité dans l'Oraison. Et non seulement nous nous donnerons à ce diuin Esprit pour faire en luy les œuures de Penitence, hors de l'vnion duquel il n'y en peut auoir ; Mais encore nous nous y abandonnerons entierement, afin qu'il fasse en nous & de nous, tout ce qu'il voudra pour satisfaire à Dieu.

Or pour éclaircir encore cette Methode, & pour s'en seruir plus aisément dans les autres Vertus, dont on doit dire le mesme que de la Penitence ; Il faut sçauoir qu'on ne peut estre Penitent qu'en Nôtre Seigneur, qui est le Penitent vnique de toute l'Eglise, mais répandu dans l'ame & dans le cœur de tous les Penitens, qui doiuent gemir & souffrir en ce Monde pour la satisfaction de son Pere.

Ainsi il faut faire passer en nostre cœur l'Esprit du Fils de DIEV Penitent, pour l'estre en sa Personne & en sa Vertu. Il luy faut demander l'Esprit qui nous mette en disposition interieure de Penitence enuers DIEV; comme d'humiliation, de contrition reelle, de condamnation du Peché, d'horreur du Siecle & de ses Maximes ; & qui nous donne vn zele entier de satisfaire en nous & sur nous pour la peine deuë au Peché : En sorte que nous ne nous contentions pas d'enuisager la Penitence en autruy, ou de la sentir en nostre Cœur, mais mesme que nous desirions & demandions la force de la faire passer en nostre Corps, puis que tout ayant peché, tout doit payer à DIEV.

Il faut donc demander à DIEV sa force & sa vertu pour exercer la satisfaction qu'il desire, auec vn abandon parfait pour tout ce qu'il luy plaira de nous imposer par luy

& par ses Ministres. Il faut entrer en la Penitence interieure de Iesvs-Christ, qui est immense en luy & en ses Membres; voulant porter autant qu'il plaira à Dieu tout ce qu'il a porté en sa Chair, & tout ce que ses Membres ont porté en la leur, ne voulant point de bornes que celles que sa Sagesse nous impose, & qu'il nous signifie en nos Superieurs qui occupent sa place.

Il faut ainsi se perdre en cét Esprit de Cōtrition de Iesvs-Christ, en cette Mer immense & en cét Ocean de Penitence, pour estre present en esprit à tout ce qu'il fait en luy, & à ce que font tous les Saints Penitens de l'Eglise; qui ne seruent qu'à exprimer ce qu'il renferme en son interieur, & ce qu'il eût voulu porter sur son Corps, s'il eût esté capable de supporter en la foiblesse de sa Chair tout ce qu'ils ont souffert.

Nostre Seigneur s'est dilaté en dilatant le Corps de son Eglise; & il porte les peines de ses Membres; puis qu'il est inseré & insinué en eux par son Esprit. Il anime leur ame; il donne force à leur esprit & à leur cœur par sa presence & par sa vertu; & ainsi il est plus Penitent en eux, qu'ils ne le sont en eux-mesmes. C'est l'Esprit de IESVS-CHRIST Penitent en leurs ames, qui les fait Penitens.

Et c'est là le Second effet de l'Oraison, & la Seconde intention de DIEV & de IESVS-CHRIST en la Priere. Car la Premiere est de sanctifier le Nom de DIEV; *Sanctificetur nomen tuum* : C'est pourquoy nous prenons pour Premiere occupation, d'honorer & de respecter l'Esprit de DIEV en luy. La Seconde est de faire venir son Royaume en nous; *Adueniat regnum tuum* : Or le Royaume de DIEV vient en nous, lors que dans la Priere nous attirons son Esprit sur nous, qui par sa vertu nous assujettit entierement à luy. La Troisié-

à la vie Chrestienne. 45
me est de vouloir que sa divine Volonté soit accomplie en nous; *Fiat voluntas tua*; Ce qui se fait en cooperant fidelement aux mouuemens du mesme Esprit.

De l'Humilité.
CHAPITRE V.

L'Humilité est la Vertu qui sert de fondement à toutes les autres. Elle doit estre presupposée à tout exercice de pieté, & sans elle on n'y aduancera iamais. La Superbe qui est opposée à cette Vertu, est le vice qui déplaist le plus à DIEV. C'est à cét horrible & malheureux peché, que DIEV proteste si souuent dans les Escritures Saintes, qu'il veut resister, DEVS *superbis resistit*. *Iac. 4. 6.*

Le fondement de cette resistance de DIEV à la Superbe, vient de l'injure étrange qu'elle luy fait, luy dérobant ce qu'il a de plus cher, qui est la gloire & l'honneur qui luy est deû qu'il se reserue à luy seul; l'attribuant à vn Neant & à vn Ver de terre. Il n'y a rien dont DIEV soit plus jaloux. Il nous communique son Estre diuin, sa Nature, & tous ses Dons; mais c'est sous cette condition que nous ne luy volerons pas ce qu'il ne veut donner à aucune Creature; *Gloriam meam alteri non dabo.*

Isa. 42. 8.

L'auersion & la haine que DIEV a contre la Superbe, fait qu'aussi-tost qu'vne ame est si miserable que de s'y laisser aller, dés ce moment il se retire & la laisse à elle-mesme, il luy soustrait sa grace & son secours; & par la mesme raison il n'en approche qu'autant qu'elle se vuide d'Orgueil, & de toute estime propre. Et c'est pour cela que nous disons que la Sainte Humilité est le fondement de toutes les Vertus, qui ne se peuuét acquerir sans la grace & sans le secours diuin, qui ne se donne

qu'aux Humbles. *Humilibus autem* Iac. 4.6.
dat gratiam.

Nous commencerons donc par l'Humilité, & nous verrons premierement en quoy elle consiste.

De la Nature de l'Humilité.

SECTION PREMIERE.

L'Humilité a trois Parties. La Premiere, est de se plaire dans la connoissance de soy-mesme. Car il y a des personnes, à qui DIEV fait connoistre leur propre misere & leur defaut, & à qui il en donne mesme l'experience, leur faisant remarquer leur stupidité, leur legereté, leur inutilité & incapacité à toutes choses: Mais ils sont tristes dans cette veuë; ils ne la peuuent souffrir; ils cherchent en eux quelque chose qui les flatte; ils tâchét de découurir quelque perfectió & quelque vertu, qui les mette à couuert de cette conuiction: Et c'est vn effet de Superbe. On se trouue souuent en tel état, que l'on sent de grands abbattemens de se voir tel que l'on est, à sçauoir, rien dans la Grace & rien dans la Nature, inutile à tout bien, insupportable à soy & à tous : Si cela décourage interieurement, c'est vne marque d'vne fausse Humilité.

Au contraire, Nostre Seigneur fait éprouuer la mesme chose à des personnes Saintes qu'il cherit & qu'il ayme, & qui sont établies dans la vraye Humilité, afin d'approfondir dauantage en eux cette Vertu, & de preparer vn fond plus grand pour receuoir sa grace & son amour. Mais ces ames desia humbles, se réjouyssent de connoistre ce qu'elles sont : Pourueu qu'elles n'adherent point à la malice de leur Chair, elles sont contentes; mais quelquefois elles ne le connoissent point; & Dieu ne permet pas qu'elles fassent le discernement entre les attaques de la Chair,

Chair; c'est à dire, la Conuoitise & le consentement ; ce qui fait quelquefois le sujet de leurs peines. Tantost elles sentiront opposition aux pauures, & à leur faire Charité: Tantost elles sentiront opposition à DIEV & à sa sainte Parole : Tantost elles sentiront d'autres mouuemens qui partent du fond malin de la Chair, qu'on nomme communément Nature corrompuë; Et estans incertaines si elles y ont consenty, elles s'affligent & sont beaucoup humiliées en cét Estat; comme aussi dans la pensée de n'auoir pas assez trauaillé pour se vaincre elles-mesmes.

Or toutes ces épreuues dans les Saints ne sont pas tant des sujets de peine & d'abbattement, comme de confusion & d'humiliation. Et mesme cela leur sert de memorial de ce qu'ils sont, les faisant ressouuenir de la Chair qu'ils portent, & de quelle nature ils sont composez ; qui est vne nature de Peché, vn

C

fond inépuisable de malice, de laquelle ils sont les Ouuriers. Car ayans consenty auec Adam au Peché, & ayans contracté par le surcroist de leurs propres Pechez quantité d'habitudes vicieuses, ils ont alteré la pureté de leur Nature; & ils l'ont tellement viciée, qu'il n'y reste plus rien qui vaille. Il faut vn autre Principe; il faut vne autre Generation, qui nous donne vne seconde Vie, & vn second Esprit pour la maintenir. C'est le Saint Esprit mesme, qui opere en nous les mouuemens au bien; & qui nous sollicite aux bonnes œuures, comme nostre Chair aux mauuaises. Ainsi l'Esprit & la Chair sont en contestation perpetuelle: *La Chair*, dit S. Paul, *cōbat contre l'Esprit, & l'Esprit combat contre la Chair.* Ce qui fait que les Saints & veritablement humbles, reconnoissent si bien ce qu'ils sont par eux-mesmes, & ce qui est de Dieu en eux: Ils reconnoissent d'où vient le

Caro concupiscit aduersùs Spiritum; Spiritus autem aduersùs carnem. Ad Gal. 5. 17.

bien, & qui en eſt la cauſe : Ils rendent inceſſamment loüange & gloire à DIEV pour les biens qu'il opere en leurs Ames : & s'humilient auſſi inceſſamment pour le mal qu'ils font & qu'ils ſentent en eux, reconnoiſſans leur pauureté, leur miſere & vileté, & ſe condamnans meſme comme eſtans la cauſe du mal qu'ils reſſentent. Et cette veuë les humilie, mais ne les abbat ny ne les décourage point par aucune triſteſſe qu'ils en conçoiuent.

C'eſt là le Premier Point de la Vertu d'Humilité, à ſçauoir, d'aymer ſa propre vileté & ſa miſere. Car pour la connoiſſance de cette vileté & miſere, ce n'eſt pas vne partie, mais vn fondement & vne preſuppoſition à la Vertu d'Humilité. C'eſt pourquoy la ſeule connoiſſance de ſoy eſtoit dans les Payens ; & neanmoins ils n'auoient rien de cette Vertu Chrétienne, dont le premier pas eſt le plaisir & la joye que l'on prend à se connoître soy-mesme.

Qu'est-ce donc que l'Humilité? C'est l'amour de sa propre abjection: En sorte que peu à peu l'on deuienne si amoureux de la vileté, de la petitesse & de la bassesse, que l'on l'ayme par tout & en tout.

Par exemple, vne personne reconnoist en soy son Neant qui le rend vil & abjet; il reconnoist son infirmité, ses defauts, & mesme ses Pechez; Il doit se plaire dans la vileté, dans la propre abjection, & dans le mépris qui luy en arriuent: Il doit se plaire en ce qu'il y a en luy de vil, d'abjet, & d'humiliat.

M. de Sales, Introd. P. 3. ch. 6.

La vileté & l'abjection qui suit le Peché, est tout à fait differente de l'opposition à Dieu. L'Ame doit aymer la vileté où elle est reduite par le Peché, si elle est humble; & detester pourtant son Peché en ce qu'il s'oppose à Dieu. L'Ame doit estre tellement amoureuse de la vileté & de la bassesse, qu'elle l'a doit aymer par tout où elle est, & où elle la peut rencontrer. Elle y doit trouuer des charmes si doux, qu'elle ne trouue rien de si aymable. Il faut que ce soit nostre Reyne, nôtre Vnique, nostre Bien-aymée. Amour de petitesse, amour de bassesse, amour d'abjection ; C'est nôtre Beatitude ; c'est nostre vnique Paix.

L'Humilité expliquée de la sorte, à sa source en Dieu mesme ; lequel, quoy qu'il ne soit point capable par sa Nature, à cause de ses perfections infinies, d'estre abbaissé ; neantmoins il a en soy vn poids qui le porte vers les choses petites : Car il est par soy-mesme aymant les choses basses. *Il regarde les choses viles*, dit Dauid : *Il a regardé la bassesse & la petitesse de sa Seruante*, dit la sainte Vierge ; C'est à dire, qu'il se plaist en cela, & qu'il y prend sa complaisance.

Or ce poids immense de la Diuinité a remply premierement l'Ame

Humilia respicit. Psal. 112. 6s. & 137. 6.
Respexit humilitatem ancillæ suæ. Luc 1. 48.

de IESVS-CHRIST, de ses inclinations, & à mis en luy tendence infinie vers la bassesse, qui y opere continuellement, sans qu'elle puisse jamais estre éteinte & assouuie. Tout ce qu'il y a de mépris, d'aneantissement & d'abjection, n'est rien à son Ame auprés de cette soif immense qui l'embrase.

Et, c'est en cela que consiste l'Humilité de DIEV & celle de IESVS-CHRIST, à laquelle nous deuons communier, & qu'il répand dãs le cœur des Chrestiens, ausquels il donne le mesme poids & la mesme inclination vers les choses basses. C'est là la veritable Humilité Chrestienne.

Il faut regarder ce que dit le Prophete du Cœur de IESVS-CHRIST, qu'il marque auoir esté saoulé d'opprobres; ce qui estoit vn effet de l'immensité de DIEV, operant au fond de son Ame en infinité de sa puissance.

Il ne faut pas le regarder seulemét

Saturabitur opprobrijs.
Thren. 3. 30.

dans les humiliatiõs qu'il a portées en sa propre Personne, dont il a dit estant à la Croix, *Sitio* : mais encore dans les opprobres & dans les mépris qu'il desire souffrir en son Corps Mystique & en ses Membres ; au regard desquels il a dit aussi ; *Sitio*, *I'ay soif*, & ie meurs de langueur dans le desir de nouuelles peines & de nouueaux mépris : Il faut que ie m'étende en toute mon Eglise, & qu'en elle ie satisfasse à ma Soif : Autant que ie souffriray en elle de mépris, autant j'auray de joye & de consolation, autant ie satisferay au desir immense que j'ay d'entrer dans la bassesse.

C'est mon Pere infiny en ses desirs qui cause cette langueur, & cette immense Volonté en moy, à l'égard de laquelle ie ne suis rien, & ne suis pas capable de la contenter : Ce qui fait que ie cherche toûjours quelqu'vn sur la Terre qui satisfasse à ma peine, & au desir que j'ay de boire à lõgs traits en tout temps

C iiij

& en tout lieu, les hontes & les mépris. De sorte que quand quelqu'vn en souffre & en reçoit auec amour & joye, c'est autant satisfaire à ma soif.

Il me semble qu'il seroit bien juste de dôner cette joye à Iesvs-Christ en nous, & de trauailler à le satisfaire & à le contenter en ce point. Et on doit bien recueillir, par l'opposition que nous auôs à la honte, le peu que nous donnons de lieu à la puissance & à l'efficace de l'operation Diuine en nostre cœur.

Dieu est immense en luy, & l'infinité de son poids doit tout humilier sous luy, & porter à l'amour du mépris & de la vileté. Il se trouue neantmoins que nostre cœur luy resiste si fortement, & l'emporte si hautement sur luy, qu'au lieu de tendre à la bassesse, nous ne tendons qu'à la hauteur, nous ne cherchons que la loüange, l'estime & l'applaudissement. Dieu si puissant en tout, & particulierement

à la vie Chreſtienne. 57

en l'Ame de ſõ Fils, ſe trouue comme impuiſſant en nous-meſmes.

Eſtudions donc à renoncer à nôtre fond interieur, à le condamner & à le ſoûmettre à DIEV, afin qu'il faſſe en nous l'impreſſion qu'il deſire, & qu'il nous penetre de ſes inclinations, de ſes ſentimés & de ſes meſmes diſpoſitions. Il faut beaucoup prier la Majeſté de DIEV, qu'elle opere en nous en ſa puiſſance & en ſa vertu immenſe, pour nous humilier en luy, & pour nous mettre en part de ſes inclinations & de ſes deſirs.

L'Humilité principale eſt l'interieure qui regarde premierement l'Eſprit. Elle conſiſte à tenir toûjours les puiſſances de l'Ame ſoûmiſes à DIEV, & en ſa totale dépendance; En ſorte que jamais l'Eſprit du Chreſtien ne ſoit ſi inſolent ny ſi ſuperbe, que de s'éleuer en la preſence de ſon Roy & de ſon DIEV; ſe tenant au contraire toûjours en ſoûmiſſion & en reue-

C v

rence deuant luy, attendant sa lumiere & ses ordres auec patience. Et ainsi il ne sera jamais si hardy, que d'agir & de raisonner par soy & en soy sur les choses; mais il se soûmettra toûsiours à Dieu, attédant en Foy sa côduite & sa regle.

Il en est de mesme de nostre Volonté, qui estant dans la Chair de Peché & dans le déreglement present, comme vne Reyne qui ordonne & qui domine, elle doit estre, plus que l'Entendement, en dépendance de l'Esprit Diuin, qui veut estre le Roy & le Maistre en nous.

Nostre Volonté plus alterée par le Peché que tout le reste, & par consequent plus imperieuse & plus arrogante, est toûsiours preste a commander, & tres-peu disposée à obeyr; & il faut de grands efforts & d'assiduës applications pour la tenir assujettie & soûmise. Elle ordonne de tout, & n'attend point les ordres, les mouuemens & la conduite du Saint Esprit & de la Charité, qui seule doit dominer en nous, & nous mouuoir en suauité aux choses que DIEV desire.

Donc la vraye & la parfaite Humilité interieure, est la soûmissiō de la Volōté sous DIEV; aussi bien que de l'entendement, qui doit se tenir comme mort, en attente tres-fidele & soûmise sous les impressions Diuines, & sous les lumieres que DIEV promet à ses Enfans. Ainsi l'Ame sera veritablemēt humble: Et c'est l'estre en Esprit & en Verité; C'est l'estre en effet & en Sacrifice parfait. Car l'Ame en cét estat proteste qu'elle n'est rien qui vaille, qu'elle n'est point capable d'operer en Iustice & en Sainteté; mais que tout vient de DIEV, que tout dépend de luy, & que tout doit estre operé par luy en nous.

Connoistre qu'on ne vaut rien, qu'on ne sçait rien, qu'on ne peut rien, & se plaire dans cette veuë & dans cette connoissance; c'est le

Qui sequitur me, non ambulat in tenebris, sed habebit lumē vitæ. Ioan. 8. 11.

C vj

premier Point de l'Humilité.

Le Second est, d'aymer sa vileté, sa bassesse, & son Neant dans l'esprit d'autruy aussi bien qu'en soy-mesme : C'est à dire, d'aymer d'estre connus pour vils, pour abjets, pour Neants, pour Peché, & de vouloir passer pour tels dans l'esprit de tout le Monde. Car le propre de l'Humilité est de nous donner encore l'amour, la joye & le plaisir d'estre connus & estimez de tout le Monde pour ce que nous sommes, au defaut dequoy nous demeurons hypocrites & couuerts; desirans de paroistre autres que ce que nous sommes; & faisans mesme & disans plusieurs choses, qui nous excusent des défauts qu'on remarque en nous.

De ce défaut d'Humilité, naist la peine & le chagrin que nous auons d'estre connus, lors que nous sommes découuerts dans nos imperfections. De là naist la peine que nous sentons, & la petite inquietude qui nous picque, afin de reüssir dans nos œuures, d'acquerir de la reputation, & de passer pour quelque chose dans l'estime des Hommes. Ne pourrons-nous jamais souffrir ce que Iesvs-Christ veut operer en nous par son Esprit d'Humilité, à sçauoir d'aymer d'estre connus pour ce que nous sommes, pour Neant & pour Peché, n'estans autre chose en nous-mesmes & de nous-mesmes; tout le reste de nous estant de Dievf, à qui l'on dérobe tout ce qu'on pretend s'attribuer hors du Neant & du Peché.

Nous sommes si bien vn vray Neant, que si Dieu ne nous communique l'estre à tout moment, il n'y a rien en nous; il ne nous reste que le Neant, qui est nostre fond & nostre Propre. Si mesme il y a quelque chose qui ne soit point Peché en nous, c'est à dire, corrompu par le Peché dans nos Puissances; nous en deuons rendre graces à DIEV qui l'a operé en nous par sa Bonté, à qui tout l'honneur en appartient. Car c'est nous qui auons fait le Peché auec Adam, ayans consenty auec luy à sa faute; & nous y estans trouuez enueloppez, comme estant nostre Procureur & celuy qui tenoit nos Volontez entre ses mains. DIEV l'auoit choisi pour nous auec grande bonté, comme estant l'Homme le plus parfait du Monde, & celuy à qui nous deuions auec plus de raison donner la commission de traiter pour nous & en nostre nom auec DIEV; Car Adam traitoit auec DIEV pour tout le genre Humain: Il se trouue par consequent que nostre Volonté a esté de cette sorte vnie & consentante à la sienne.

Outre cette premiere faute qui est l'ouurage de nos mains, & qui est la cause de toute cette semence de maux qui pullulent tous les jours & à toute heure, & de cette corruption qui eſt en nous que Saint Paul appelle Peché, à cauſe qu'elle naiſt du Peché, & qu'elle nous y ſollicite ; ce qui fait que nous ſommes Peché. Outre, dis-je, ce premier Peché auquel nous auons conſenty en Adam ; outre cette Conuoitiſe qui nous porte perpetuellement au Peché, nous auons encore commis mille crimes dont nous ſommes tous noirs : D'où vient qu'en verité nous ſommes tout Peché en nous, & nous ne ſommes que cela. Ce fond de malice dont nous ſommes tout pêtris, eſt en horreur à DIEV : Si bien que ſelon cette partie nous ſommes enfans de malediction ; & nous ne pouuons pas celer que nous ne le ſoyons aux yeux du Ciel & de la Terre : Il faut donc bien vouloir paſſer pour tels dans l'Eſprit de tout le Monde.

Or l'Humilité eſt cette Vertu qui nous donne ce plaiſir & cette ſatisfaction de paroiſtre tels que nous sommes, & de passer pour gens de Neant & pour maudits Pecheurs aux yeux d'vn châcun, n'étans rien que cela par nous mesmes. Car s'il y a des Graces en nous, s'il y a quelques Vertus, s'il y a quelques Dons, cela n'est pas de nous, mais de DIEV: & si nous voulons que l'on nous considere & que l'on nous estime pour cela, nous dérobons injustement ce qui ne nous appartient pas, & nous nous attribuons ce qui appartient à DIEV seul.

Il faut que l'Humilité nous fasse bien regarder ce que nous sommes & ce qui est à nous, pour laisser à DIEV & pour luy renuoyer fidelement tout ce qui est à luy & tout ce qui vient de luy. Le Diable met icy tous ses efforts, & trauaille specialement en ce point, afin de broüiller ces deux veuës distinctes, qui nous apprennent si clairement ce qui est de nous, & ce qui est de DIEV. Il trauaille à nous faire

à la vie Chrestienne. 65

croire que ce qui est en nous est de nous, & que c'est nostre Propre, dont nous pouuons nous estimer & nous faire estimer par les autres.

Mais l'Ame vrayement humble, & qui est adroite à se parer des ruses du Malin, trauaille à n'oublier jamais ce qu'elle est, & ce qui prouient d'elle; à se voir comme Neant & Peché; & à vouloir bien passer pour cela deuant toute Creature. Ainsi elle est morte à l'estime, & elle ne se soucie plus de ce qu'on pense d'elle. Pour peu qu'on luy rende d'honneur, & qu'on la loüe, elle se rit & elle se mocque en elle-mesme de ceux qui l'estiment, les prenant pour aueugles, & pour gens qui parlent sans sçauoir; & elle a quelquefois tel dégoust & telle horreur de ces choses, qu'elle aymeroit bien mieux souffrir mille affrons qu'vne seule loüange, l'vn estant fondé sur la Verité, & l'autre sur le Mensonge: En vn mot, elle est tres-surprise, quand on l'estime autre que ce qu'elle voit & sent continuellement en elle.

<small>Bern. de gradib. humilit.</small> Saint Bernard dit que le Second degré de l'Humilité, est de connoistre que non seulement nous ne sommes rien, mais mesme que tout ce qui paroist dans les autres, <small>Nemo bonus nisi solus DEVS. Luc 18.19.</small> n'est rien. Tout l'estre, la bonté & la verité est en DIEV, & par écoulement en la Creature, dont le fond & le propre est le Rien. Et en suite du Rien que nous sommes comme Creatures, nostre propre operation est la tendance vers le Neant. Le propre du Rien est de tendre tousiours au Rien. Voila ce qu'est l'Homme, & ce qu'il doit desirer de paroistre; ou autrement il est vn voleur & vn larron de l'Estre Souuerain, desirant de paroistre en sa place, & de s'approprier ce qui luy appartient.

Le Troisiéme Point de l'Humilité, est de vouloir estre non seulement connus, mais encore traittez pour vils, abjets & méprisables:

C'est de receuoir auec joye tous les mépris & toutes les confusions possibles, ne se saoulant jamais d'opprobres; mais au contraire en desirant tousiours par des souhaits insatiables : En vn mot, c'est de desirer d'estre traité selon ce que l'on merite. Or comme on ne passe en son esprit que pour vn chetif Neant & pour vn maudit Pecheur, & qu'on ne veut passer aussi que pour cela en celuy de tous les autres; L'Humilité nous donne le desir d'estre traitez cõme des Neants, & comme de maudites Creatures & mal-heureux Pecheurs; qui sont les deux titres du plus haut mépris que l'on puisse conceuoir.

Que l'on conçoiue donc tout le mépris imaginable, ce ne sera rien au prix de ce qui nous est deû. De là vient qu'vne ame veritablement humble ne peut receuoir de mépris. Quoy que l'on dise ou que l'on fasse contre-elle, elle ne peut rougir & encore moins s'en offenser, à cause que tout cela n'est rien au prix de ce qu'elle voit qu'elle merite. Quel mépris n'est pas deû au Neant, qui n'a rien en soy de recommandable; qui n'a rien qui puisse arrester nostre pensée & nos affections ? Car le Neant dit la priuation de tout Estre & de toute perfection ; qui est le seul fondement de nostre estime & de nostre complaisance. De plus, quel mépris n'est pas deû au Peché, qui n'a rien d'agreable & de supportable; mais qui au contraire dit en soy l'éloignement du veritable Bien, qui est Dieu ; & par consequent la priuation de tous les biens ?

Il est certain qu'à vne Ame humble, vne injure luy est vn honneur: Car comme elle est vn Neant, elle ne merite pas d'estre regardée ; elle ne merite pas qu'on pense à elle; elle n'est pas digne du mépris & de l'occupation d'vn Homme. Estant le Neant, qui s'addresseroit à elle pour l'injurier ? On n'injurie pas vn Phantôme, à cause qu'il n'est rien, & qu'il ne vaut pas l'injure. Celuy donc qui sçait qu'il n'est de soy qu'vn Neant, & bien moins qu'vn Phantôme, se croit bien honoré qu'on pense à luy, & qu'on luy dise quelque injure. Ainsi si on l'oublie & si on le méprise, estant humble, il ne s'en étonne pas, & ne croit pas qu'on doiue faire autrement. Vn affront ne le surprend point, & il seroit bien étonné si on le traitoit d'vne autre façon. Si mesme Dieu traite l'Ame de mépris interieurement, elle ne s'en doit pas étonner : Car elle ne merite que cela.

C'est là le vray point où l'on peut reconnoistre la vraye Humilité, quand dans les secheresses, les ariditez, les delaissemens interieurs & les rebuts de Dieu, l'Ame se met du costé de Dieu, & approuue son procedé contre elle-mesme; qu'elle s'abaisse & s'aneātit dās l'Oraisō, qu'elle se cōdamne; &

qu'elle dit qu'elle ne merite point d'autre traitement. Nous deuons auoüer qu'il a raison de rebuter & nos œuures & nos personnes; Et quand nous en auons quelque témoignage, si cela nous afflige, c'est manque d'Humilité : C'est vne marque que nous ne sommes pas bien conuaincus, que nous sommes inutiles à tout bien.

Nostre Neant reuestu d'vn estre corrompu par le Peché, ne peut rien faire de soy, cóme tel que le Peché; Il ne peut que gauchir en toutes ses œuures. Ce qui est vn grand sujet de confusion, qui nous doit faire auoüer que DIEV, qui est l'équité, la droiture mesme, & la vraye justice, a grand droit de nous rebuter, auec tout ce qui part de nous. Car les bonnes œuures & tout ce qu'il y a de Saint & d'agreable à DIEV dans nos operations, procede de son Fils en qui il prend toutes ses complaisances, par l'opperation du Saint Esprit.

Dicite: serui inutiles sumus. Luc 17.10.

à la vie Chrestienne.

Estre donc ainsi méprisez & rebutez de DIEV, mal-traitez de nos Supérieurs, de nos Egaux, & mesme de nos Inferieurs, en vn mot de toute Creature ; c'est ce qui nous est dû & ce qui nous doit réjouyr, comme la chose la plus juste & que nous deuons le plus aymer, qui est la meilleure & la plus auantageuse, & pour nous la plus conforme au desir de IESVS CHRIST. *Bonum mihi quia humiliasti me. Psal. 117.71.*

Il faut donc que nous aymions la Petitesse de quelque part qu'elle vienne, & en quelque lieu que nous la trouuions. Il faut que nous l'aymions, non seulement en ce Monde, mais aussi en l'autre ; non seulement sur la Terre, mais encore dans le Ciel. Par exemple, nous deuons aymer d'estre dans le bas lieu, comme recommande Nostre Seigneur ; ce qui est vne marque de l'amour de la Petitesse. Il faut aymer tellement le bas lieu, que mesme on le desire dans le Paradis. *Recumbe in nouissimo loco. Luc 14.10.*

Ce n'est pas que nous deuions

desirer d'estre les moindres en Amour de DIEV, ou les plus negligens à nous auancer dans la perfection; ny que nous deuions dire comme les plus lâches; Que pourueu qu'ils y entrent, il leur suffit; Qu'ils ne se soucient pas d'estre des plus grands Saints, car ce seroit se mettre en danger de ne l'estre jamais. Au contraire, il faut vouloir aymer DIEV autant qu'il le desire, & nous rendre fideles, pour paruenir au point de Gloire & de Felicité qu'il nous prepare.

Comme celuy qui feroit quelque faute, où il y auroit Peché, pour estre humilié, ne feroit rié qui vaille: De mesme celuy qui obmettroit vn bien, pour estre petit dās le Ciel, auroit grand tort. Ie parle seulement pour ce qui regarde la Petitesse precisément en elle-mesme; Elle doit tousiours estre si aymable à nostre esprit, que nous la deuons aymer par tout; & nous ne deuons faire aucune action à dessein d'estre grands,

à la vie Chrestienne. 73

grands, & pour nous deffendre de la petitesse.

Nostre Superbe est si subtile, que lors qu'on luy ferme l'entrée d'vn costé, elle se l'ouure d'vn autre ; lors qu'on a étouffé le desir de la grandeur en ce Monde, elle le desire en l'autre ; lors qu'on la retranché dans les choses grossieres de la Terre, elle la cherche dans celles de l'Esprit & de la Grace. Si-tost qu'on a renoncé à l'amour d'estre grand & excellent dans l'honneur & dans les richesses du Siecle, où nous portoit la Superbe, aussi-tost elle porte à chercher d'estre grand & excellent dans la Grace : Elle desire l'excellence dans l'Esprit ; elle cherche & desire les grands Dons & les lumieres excellentes, les Graces éclatantes ; en vn mot, les talens extraordinaires : Et ainsi elle recherche toûjours la grandeur.

Que si l'on vient à luy retrancher ce desir, & à luy faire reconnoistre cette fine Superbe, alors elle recherche vne autre excellence ; à sçauoir, celle de la Gloire ; Elle aspire à vne haute place dans le Ciel. Ce qui est bon à la verité, quand ce n'est point par esprit de Superbe : Mais souuent il arriue que nous aymons mesme la petitesse sur la Terre par desir de Superbe, esperās par ce moyen la grandeur dans le Paradis ; à cause que l'Humilité dans la Terre est la semence de l'exaltation dans le Ciel, faisans nos actions à ce dessein d'estre grands, & nous consolans dans nos humiliations par cette veuë. C'est vn étrange esprit que celuy de Superbe, qui cherche toûjours l'excellence & la grandeur, soit en vn temps, soit en vn autre, dans vne chose ou dans vne autre.

La vraye Humilité au contraire desire de n'estre rien n'y à ses yeux, n'y dans l'esprit de personne : Elle prend soin de ne paroistre en rien : Elle fait beaucoup desirer d'estre caché : Elle fait aymer d'estre in-

Ama nesciri & pro nihilo reputari. De Imit. Christ.

à la vie Chrestienne. 75

connu, & de passer pour vn Neant. Il faut que IESVS-CHRIST paroisse seul en tout, & que nous ne paroissions point: Il faut détruire son estre propre, & estre reuestu de IESVS-CHRIST, pour ne paroistre que sous luy & en luy. Ce qui donne vn desir & vne sainte affection de ne rien operer par soy-mesme, & rend fidele à renoncer à soy interieurement, trauaillant à mortifier son esprit propre & sa volonté en toute occasion, en sorte qu'on en vienne jusqu'à viure dans cét esprit de mort interieure, que l'esprit propre, ny la volonté n'opere plus par soy, mais que l'vn & l'autre ne soit qu'en simple cooperation au Saint Esprit, qui anime l'interieur & qui viuifie les puissances.

Alors on est en aneantissement veritable, & on n'a plus que DIEV viuant & regnant en soy-mesme: C'est pour cela que DIEV ayme si fort les Ames humbles, & qu'il éta-

D ij

blit son Thrône & son Domaine si absolument en elles; Car il a vne entiere liberté dans la personne aneantie pour y faire ce qui luy plaist, & il prend vne souueraine complaisance au Sacrifice Religieux de tout cét estre propre, qui s'immole soy-mesme, & qui est Diuinement consommé.

Des Motifs de l'Humilité.

SECTION SECONDE.

LE premier Motif est tiré des titres & des qualitez que nous portons, qui nous obligent tous à nous aneantir & a estre veritablement humbles.

Comme Creatures; nous sommes obligez d'estre contens de nôtre Neant.

Comme Pecheurs; nous sommes obligez de nous voir aux pieds des Demons, & rebutez de toute Creature, dont nous auons abusé par le peché; car elle entre justement en zèle pour son DIEV contre nous: Le Peché merite bien ce traitement.

Comme Chrestiens; nous sommes obligez d'aymer la petitesse, la vileté, & l'abjection; Parce que c'est vne des inclinations de IESVS-CHRIST Nostre Seigneur, dont nous auons receu l'Esprit par le Baptême, qui imprime en nous si nous voulons ses inclinations & tous ses sentimens, & particulierement celuy qu'il a eu pour l'aneantissement.

<small>Hoc sentite in vobis, quod & in CHRISTO IESV, &c. Semetipsū exinaniuit. Ad Phil. 2. 5.</small>

Comme Enfans de DIEV; nous sommes obligez d'estre humbles, & de nous retirer de toute loüange, afin de laisser tout l'honneur à nostre Pere, qui est DIEV.

<small>Soli DEO honor & gloria. I. ad Tim. 1. 17.</small>

Comme Prestres; nous deuons détruire, sacrifier & aneantir en tous, & sur tout en nous, la Superbe en tous ses mouuemens.

Comme Victimes pour les Pechez du Monde, nous deuons estre les plus confus des Hommes; estans couuerts des crimes de tout le Monde, comme Nostre Seigneur, auec qui nous ne sommes qu'vne seule Victime.

Superiores sibi inuicem arbitrantes. Ad Phil. 2. 3. Nos seruos vestros per IESVM. 2. ad Cor. 4. 5.

Comme Seruiteurs de l'Eglise, nous deuons estre aux pieds de chaque Fidele, les considerans tous comme nos Maistres, & nous porter auec affection aux offices les plus bas, comme estans beaucoup au dessus de nous, nous estimans & fort honorez d'y estre appliquez, & tres-indignes d'vne si grande Grace.

Le second Motif est, que toutes les vertus demandent à l'Ame l'Humilité.

La Foy nous oblige à estre humbles: Car nous deuons viure selon ce qu'elle nous enseigne: Or elle nous enseigne que nous ne sommes que Neant & Peché. Nous deuons donc nous regarder, & vouloir aussi estre regardez & traitez comme tels de tout le Monde. Elle nous fait connoistre ce que nous sommes, & ce que Dieu est; ce qu'il vaut, & ce que nous valons; ce qu'il merite, & ce qui luy est deû, à sçauoir, l'honneur & la loüange; & ce que nous meritons & qui nous est deû, à sçauoir, la confusion & le mépris. Ainsi elle nous porte à l'Humilité, & elle demande que nous soyons humbles, si nous ne voulons démentir ses lumieres. Mais particulierement il faut beaucoup d'Humilité pour auoir la Foy, pour captiuer nôtre entendement sous les veritez qu'elle nous propose; & pour aneantir ainsi nostre raison, & la soûmettre à croire ce qu'elle ne voit point. C'est pourquoy les Philosophes & les Heretiques tout remplis de Superbe, ont mis tant d'obstacles à la Foy. L'Humble, au contraire, defere au jugement d'autruy; se soûmet à la Verité; n'est iamais opiniâtre; En vn mot, il croit tout.

In capti-uitatem redigentes omnem intellectû in obsequium CHRISTI. 2. ad Cor. 10. 5.

L'Esperance nous porte à l'Humilité : Car elle ne s'appuye point sur soy-mesme, & ne se fie point en ses propres forces; mais seulement en Dieu, & aux merites de nostre Sauueur.

La Charité la demande : Car elle souhaite tout honneur à Dieu, en se perdant & s'oubliant soy-mesme.

L'Amour du Prochain la desire : Puis qu'elle ne doit iamais s'aigrir, ny s'irriter pour aucune calomnie.

Le Support du Prochain l'exige; Puis qu'il doit supporter l'infirmité de son frere, & mesme son arrogance & sa Superbe, qui est la maladie la plus insupportable à celuy qui n'est pas veritablement humble. Deux Superbes qui veulent s'éleuer l'vn au dessus de l'autre, ne conserueront iamais cette vertu que Saint Paul a si expressément recommandée, par ces paroles; *Ad Eph. 4. 2. Supportantes inuicem in Charitate.*

La Compassion la demande encore : Car elle nous porte a reparer sur nous la Superbe des Hommes; a embrasser l'Humilité, parce qu'ils se sont exaltez; & a satisfaire par nos propres humiliations à leur Orgueil & à leur éleuation injuste & dereglée.

La Religion l'ordonne: Elle veut que tout s'aneantisse & se sacrifie pour la gloire de DIEV, auquel elle rend toute loüange & rapporte tout honneur.

La Prudence Chrestienne nous y porte, parce qu'elle ne veut point que nous ayons de pretention que pour les choses que nous pouuons auoir ou conseruer paisiblement.

La Iustice, comme nous verrons plus au long, exige qu'on rende à vn châcun ce qui luy appartient; l'oubly au Neant, le mépris au Peché, l'estime & la gloire au Tout & à la Sainteté. *Tibi Domine iustitia, nobis autem confusio faciei.* Dan. 7. 9.

La Force du Chrestien en est soûtenuë, qui connoissant son Neant

& son impuissance se jette en DIEV; afin que la vertu de IESVS-CHRIST, qui est la Force des foibles, vienne habiter en luy.

Vt inhabitet in me virtus CHRISTI. 2. ad Cor. 9.

La Temperance en est beaucoup fortifiée : Car l'Humble s'abstient des choses, parce qu'il n'en est pas digne.

La Penitence la requiert ; qui demande que le Superbe soit humilié, & que la confusion tombe sur celuy qui a voulu dérober l'honneur & la gloire à DIEV.

La Douceur la souhaite ; qui ne veut estre alterée pour aucun mépris.

La Patience la veut ; qui ne doit troubler sa paix pour aucune confusion.

En vn mot, l'Humilité est la Vertu fondamentale de toutes les Vertus, qui doit estre presupposée à tout exercice de pieté Chrestienne.

Des Fondemens de l'Humilité.

SECTION TROISIESME.

L'Humilité a deux Fondemens, sur lesquels elle est établie. Le Premier est la Verité : Le Second est la Iustice ; Deux Attributs Diuins selon lesquels nous deuons viure.

La Verité nous met dans la connoissance de nous-mesmes, qui est le grand & le solide Fondement de l'Humilité. Car tout sentiment d'humiliation, qui n'est pas fondé sur vne serieuse meditation de ce que l'on est, n'est qu'apparence & qu'illusion ; Et vne personne qui croit acquerir cette Vertu sans cela, se trompe & n'en viendra iamais à bout. La raison est ; parce que tout ce que nous voyons & tout ce que nous faisons, nous seruent d'autant de sujets & d'occasions d'estime propre ; principalement lors que c'est quelque bien, si nous n'auons auparauant étably quel est le principe du bien que nous voyons en nous ; & quel est le vray autheur du mal que nous y ressentons.

Ce n'est pas, comme nous auons déja dit, que cette connoissance soit l'Humilité : Car plusieurs, mal-gré qu'ils en ayent, sont forcez d'auoüer qu'ils ne sont rien, & qu'ils ne valent rien. Les Demons sont obligez de le confesser ; sans que pourtant il reste rien en eux de cette sainte Vertu. La connoissance de soy-mesme est vne chose qui doit estre seulement presupposée comme vn Principe, duquel on tire en suite des consequences pour agir dans l'esprit de cette Vertu. Or la Verité apprend à l'homme à se connoistre pour ce qu'il est, & à ne se point regarder pour autre chose ; de mesme que la Iustice luy demande qu'il se traite pour ce qu'il est, & qu'il ne souffre point d'autre traitement que celuy qu'il merite.

La Verité apprend à l'Homme qu'il est Neant; & qu'il est par luy-mesme ce qu'il estoit il y a cent ans, & ce qu'il seroit, si DIEV luy auoit retiré l'Estre qui enuironne son Neant. Cét Estre est la participation de l'Estre mesme de DIEV; c'est son Estre en quelque maniere rendu sensible à l'Homme, Car toutes les Creatures ne sont autre chose, s'il faut ainsi parler, que DIEV mesme rendu visible; Elles sont comme des Sacremens, ou comme des Escorces visibles de l'Estre inuisible de DIEV caché sous elles; Elles sont des notions de DIEV, qui expriment diuersement ce qu'il est en luy-mesme: En vn mot, tout ce qui est au Monde est vne dilatation, & vne expression de DIEV, qui sort hors de DIEV mesme; c'est vn écoulement de DIEV, qui exprime en sa sortie ce que DIEV est en luy-mesme.

Mais d'vn autre costé, la Creature consideréé en elle-mesme & en son fond, hors de l'Estre de Dieu qu'elle participe, demeure simple Neant, qui renferme en soy la priuation de tout l'Estre, comme Dieu en contient la possession. Dieu est vn Abîme de perfection, & le Neant est vn Abîme d'imperfection. Quand on seroit jusqu'à la fin des Siecles, on ne pourroit pas nombrer par le menu quelles sont les priuations & les defauts que contient le Neant, ny les mépris qui luy sont deûs: De mesme quand on seroit jusqu'au iour du Iugement, on ne pourroit pas raconter quelles sont les grandeurs & les perfections de Dieu. Enfin, le Neant est l'objet de l'oubly, du mépris, & du delaissement; comme Dieu est le sujet de l'admiration, de l'adoration, & des loüanges de tout le Monde.

La Iustice donc qui demande qu'on rende à vn châcun ce qui luy appartient, apprend à la Creature à se rendre ce qu'elle merite en son fond, & à subir le traitement qui est deû à vne si grande Vileté; comme elle apprend aussi à rendre à DIEV ce qui luy est deû, c'est à dire, tout honneur & loüange.

Lors que ie me regarde en mon fond; c'est à dire, en mon Neant, ie vois que ie ne merite que confusion & que mépris. Et au contraire, lors que ie contemple DIEV en luy ou hors de luy; en son essence, ou répandu en ses effets; en moy, ou hors de moy, ie trouue qu'il merite tout honneur & loüange. A DIEV, dit Saint Paul, soit rendu benediction, loüange, honneur, & action de graces par toute Creature, & pour ce qu'il est en luy, & pour tout ce qu'il est hors de luy. Ie vois donc & ie reconnois que tout honneur doit estre rendu à DIEV, comme à l'Autheur & au Possesseur de tout Estre & de toute Perfection; & qu'au contraire le

Benedictio, & claritas, & sapientia, & gratiarum actio, honor, & virtus, & fortitudo DEO nostro. Apoc. 7. 12. Regi sæculorum immortali, inuisibili, soli Deo, honor & gloria. 1. ad Tim. 1. 17.

Neant en estant priué en luy-mesme, doit estre méprisé, delaissé, oublié, negligé.

Le Neant est si miserable, qu'on ne sçauroit mesme penser à luy; & si on en dit quelque parole, & qu'on en ait quelque idée, c'est sous l'emprunt de quelque forme & de quelque conception qui ne luy appartient pas; Tant il est peu capable de donner quelque estime de luy. Si on y pense, c'est pour déplorer son estat, & pour reconnoistre ce qui luy manque & ce qu'il n'est pas. Rien au monde de si vil & de si abjet. On ne sçauroit auoir de terme, pour exprimer toute sa vileté & toute son abjection. Et c'est là la condition veritable de la Creature en son fond & en ce qu'elle est par elle-mesme, auant que Dieu l'ait reuestuë de luy; Et elle ne cesse point d'estre en elle ce qu'elle est par elle-mesme, pour toute la communication que Dieu luy donne de son Estre.

à la vie Chrestienne. 89

DIEV merite de l'honneur pour sa perfection; & le Neant merite le mépris pour son imperfection. Le Neant, quoy que caché sous l'estre le plus parfait, ne laisse pas toûjours de meriter en soy ce traitemét indigne: Il faut laisser à l'Ouurier l'honneur de só Ouurage; côme au Peintre la gloire de son Tableau : C'est à luy à qui l'honneur en est deû, & non pas à la toile qui porte cette Peinture, qui ne merite que mépris ; Et si elle pouuoit parler, & qu'elle fût sensible aux sentimens de la Iustice, elle diroit : Honorez celuy qui m'a choisie pour me faire le sujet de son Ouurage ; Honorez celuy qui merite d'estre honoré, qui m'a tirée de l'estat où j'estois, pour faire sur moy de si grandes merueilles! Voyez le derriere du Tableau, & vous connoistrez que ie n'estois propre qu'à estre vn torchon de cuisine : Ie n'estois bonne à rien, & maintenant ie suis mise sur des Autels, où l'on adore ce que ie porte & ce que ie represente. Cela n'est point à moy ; Ie n'y ay point de part : Ie n'oublie point ma premiere condition : Ie sçay bien le fond qui est en moy : Ie ne l'ay pas encore perdu de veuë.

De plus, l'amour que j'ay pour mon Maistre, & pour l'Ouurier qui m'a choisie du milieu de ma vileté, pour estre le sujet de ses œuures, & pour faire ces merueilles en moy, m'oblige bien à l'honorer, à luy procurer la gloire qu'il merite ; & a auertir tous ceux qui se seduisent en me voyant & s'attachant à moy, de le glorifier, & de tourner les yeux vers celuy qui a fait ce grand œuure.

Ainsi la Sainte Vierge toûjours conuaincuë de son Neant, & toûjours instruite de sa bassesse, disoit à haute voix ; *Celuy qui est Puissant, a fait en moy de grandes choses.* Il a choisi cette pauure Seruante ; Il a choisi ma Pauureté & ma Vileté, pour imprimer en elle l'œuure de

Fecit mihi magna qui potens est. Luc 1. 49. Respexit humilitatem ancillæ suæ. Luc 1. 18.

son amour, de sa sagesse, & de sa Toute-puissance. Il a fait en moy son Chef-d'œuure; il y a fait sa merueille; il a fait sur moy son Portrait; il y a fait son Verbe sensible, & il a choisi ce pauure petit Neant, pour étendre sur luy les traits les plus parfaits & les plus beaux de sa Grandeur & de sa Majesté. Et c'est luy qui se fait rendre en moy des honneurs que ie ne merite pas, & qui n'appartiennent qu'à luy seul. Prenez garde à rendre à DIEV sa gloire, & adorez en moy ses œuures & ses merueilles.

C'est pour cela que l'Eglise est soigneuse pour son édification, & pour celle de tous les Fideles qui reçoiuent des graces de DIEV, de faire chanter à haute voix, & mesme tout debout pour obliger à vne particuliere attention, ce beau Cantique, *Magnificat*; pour leur apprendre a l'exemple de la tres-Sainte Vierge, à honorer DIEV en elle & en toutes ses œuures. Car tout ce qui est hors de DIEV, est de DIEV: Tout est émanation, épanchement & dilatation de DIEV, qui répand son Estre visiblement sur la Creature. C'est cét Esprit qui couvre les eaux: C'est le Manteau, qui courant & enueloppant le Neant tres-méprisable en soy, merite seul d'estre honoré. Que DIEV donc soit glorifié, & que le Neant soit oublié & méprisé.

Le mesme sentiment de vileté & de bassesse qui éclatoit si saintement en la tres Sainte Vierge, & qui faisoit qu'elle ne vouloit point qu'on fit attention sur elle pour tout ce qu'on y voyoit de grand, mais seulement sur DIEV qui en estoit l'Autheur, a esté encore beaucoup plus parfaitement en Nostre Seigneur qui estoit plein de Verité, & qui vouloit accomplir toute Iustice. C'estoit ce sentiment qui le portoit dans l'Euangile a reprendre celuy qui l'auoit appellé Bon. Il refufoit cette qualité cóme Homme;

Spiritus Dei ferebatur super aquas Gen. 1. 2.

Plenum veritatis. Ioa. 1. 14. Sic decet nos implere omnem iustitiam. Mat. 3. 15 Quid me dicis bonum? nemo bonus nisi solus DEVS. Luc 18. 19

à cause que comme tel, elle ne luy appartenoit pas. Car comme Homme il estoit Creature ; & par consequent Neant : Ainsi tout ce qu'il estoit, venoit d'ailleurs ; il venoit de DIEV, qui est la source vniuerselle de tous les biens, qui l'auoit tiré du Neant, & qui luy auoit communiqué ses thresors. Or comme il n'y a que ce qui est, qui merite la loüange d'estre Bon ; & que DIEV seul est, tout le reste n'estant que Neant hors ce qu'il a de DIEV ; Nostre Seigneur comme Homme, se voyoit indigne de cette qualité, & ne pouuoit souffrir qu'on l'attribuât à autre qu'à DIEV.

C'estoit là la source de l'Humilité du Fils de DIEV, & qui faisoit qu'il estoit si humble, & plus humble que tous les Hommes ensemble : Car ayant plus de lumiere du Neant de la Creature que tous les Hommes, il en estoit incomparablement plus auily, humilié & abbaissé deuant ses yeux & deuant la Majesté de son Pere, dont il connoissoit si parfaitement la Grandeur. Il voyoit clairement, qu'entant que Creature, il n'estoit rien de soy, non plus que le reste des hommes, & que son Pere l'auoit tiré de l'Abîme du Neant pour le rendre Depositaire de tous ses biens : Pour cela il estoit perpetuellement aneanty deuant luy, auoüant qu'il n'estoit rien : Il estoit toûjours remply d'étonnement pour tant de Graces, & de ressentiment pour tant de bien-faits ; & il estoit sans cesse abîmé dans la loüange de son Pere, & dans vn amour tres-ardent pour celuy qui l'auoit tant aymé de toute Eternité, & qui luy auoit preparé ces grands Dons, sans qu'il luy eût rendu, & mesme sans qu'il eût esté capable de luy rendre aucun seruice.

La reconnoissance de cette bonté luy a fait mettre dans les mains des Hommes le Sacrifice d'Action de graces, le tres-adorable Sacrifice de l'Autel. Cette mesme reconnoissance luy a fait choisir vne Eglise nombreuse, pour remercier DIEV par ses loüanges & par ses Sacrifices du bien-fait inconceuable, de l'auoir tiré du Neant pour l'éleuer à la dignité de son Fils. Et ce qui le faisoit agir dans cette veuë, estoit le sentiment de Verité & de Iustice. Par le Premier, il connoissoit ce qu'il estoit, à sçauoir Neant; & ce qu'estoit son Pere, à sçauoir, tout Estre: Par le Second, il s'aneantissoit entierement deuant sa Sainte Majesté, & se répandoit tout en amour, en adoration, en loüanges & en action de graces.

Ce sont là les vrais Fondemens de l'Humilité; qui sans doute sont tres-fermes, lors qu'il plaist à Nôtre Seigneur de les établir solidement dans vne Ame.

Mais il faut sçauoir, qu'afin d'agir dans toute l'étenduë de la lumiere de DIEV qui nous monstre nostre Neant, il est encore necessaire de voir le Neant en toutes les Creatures : En sorte qu'en tout & par tout nous soyons conuaincus, que tout hors de DIEV n'est que Neant, que vanité, qu'ombre, que figure, & que comme vne écorce & vn Sacrement, sous lequel DIEV comme nous auons dit, se cache pour se rendre sensible à nous.

Cette Proposition, Que tout hors de DIEV n'est que Neant, doit estre si vniuerselle, que rien n'en soit excepté ; ny les plus gråds Saints, ny la Sainte Vierge, ny mesme la tres-adorable Humanité de IESVS-CHRIST. Tout, hors ce qu'il y a de DIEV en luy, n'est que Neant. C'est ce qui se rencontre essentiellement & indispensablement en toute Creature.

On ne doit donc regarder iamais en tout, que DIEV seul purement & simplement. Que cette façon
d'agir

d'agir est Sainte ! Qu'elle nous éloigne de mille amusemens, où les plus Spirituels se laissent aller & embarasser, lors qu'ils n'y sont pas bien établis ! Enfin, qu'elle nous applique à Dieu, & qu'elle nous remplit de luy !

Dans cette veuë, l'on trouue & l'on voit Dieu par tout ; & c'est vn moyen des plus simples & des plus vtiles pour se tenir toûjours en sa Diuine Presence. Hors de cette veuë, l'on se remplit l'esprit des Creatures ; & cét exterieur qui ne deuoit seruir qu'à nous porter Dieu dans le Cœur, se rend luy-mesme le Dieu de nostre Cœur, & vne Idole infame qui est honorée dans le Temple de Dieu.

C'est vn manquement qui se rencontre ordinairement dans la conduite des Ames ; lors que les Directeurs, ou parce qu'ils ne le connoissent pas, ou parce qu'ils ne sont pas fideles à faire ouurir les yeux à

E

celles que Dieu leur a données pour les conduire à luy, permettent qu'elles s'arreſtent à eux, charmées par l'éclat des choſes qu'elles y remarquent en apparence ; Au lieu de leur faire conſiderer, que pour tous les Dons qui pourroiét eſtre en eux, ils ne ſont que des Neants; qu'ils ne meritent aucun honneur, & que c'eſt à Dieu ſeul à qui il appartient.

Il faut eſtre ſoigneux de leur faire entendre, que les Directeurs en eux-meſmes ne ſont rien, & qu'elles ne les doiuent regarder que comme de purs Neants, qui doiuent eſtre oubliez comme tels; Mais pourtant parce que Dieu ſe cache ſous eux pour manifeſter ſes Ordres & ſes Saintes Volontez, qu'il faut leur rendre de grands reſpects, puis qu'ils tiennent ſa place, & qu'ils le repreſentent.

Quand nous allons aux Directeurs, il faut y aller purement, & ne chercher que Dieu en eux, ſans songer à l'écorce & au voile dont il est couuert. Il faut penetrer par la Foy ce qui arreste & amuse nos sens; & dans toutes les rencontres negliger & mépriser ce qui paroît aux yeux de la Chair, & tout ce que l'erreur du Monde estime grand & considerable.

Soyons donc fideles, ainsi que DIEV le desire de nous, à demeurer dans la Verité, & ne tombons point dans le Peché du Demon; lequel, selon Saint Iean, n'est point demeuré dans la Verité. Et aprés que nous l'aurons connuë, & que nous en serons conuaincus par la lumiere de la Foy, entrons dans la Iustice, rendans à nous & à toute la Creature ce qui luy est deû; & à DIEV qui est Tout, le respect, la Religion, l'Amour, & les loüanges que ses Grandeurs meritent.

In veritate non stetit. Ioa. 8. 44.

Voila les deux Fondemens de l'Humilité de toute Creature, qui doiuét s'étendre en nous sur beaucoup d'autres sujets d'humiliation;

Comme entr'autres, Que nous sommes toute misere, toute corruption, & tout Peché, ainsi que nous auons veu.

Mais parce que la Verité & la Iustice demandent de nous, qu'en cette qualité nous nous traitions non seulement d'abbaissement & de mépris, mais encore de Penitence, de Mortification, & de Haine de nous-mesmes, nous attendrons a en parler dauantage dans les Chapitres suiuans, où nous traiterons particulierement de ces Vertus.

Des Pratiques de la vraye Humilité.

SECTION QVATRIESME.

1. Eviter tout honneur, & ne le pouuoir souffrir qu'auec peine, voyant ce traitement éloigné de toute Iustice & de toute raison.

2. S'estimer si vil & si abjet, que

à la vie Chrestienne. 101

toute autre chose que le Mépris surprenne.

3. Fuïr d'estre connu & applaudy; & pour cela cacher tout ce qui peut faire estimer, & demeurer dans le silence, autant que la Charité enuers le Prochain le peut permettre.

4. Desirer le dernier lieu, non seulement dans les rangs du Monde, mais encore dans l'estime des hommes; souhaitant de passer pour le plus vil de tous dans leur esprit, selon ces paroles de Nostre Seigneur; *Choisissez la derniere place.* Recumbe in nouissimo loco. *Luc* 14. 8.

5. Desirer d'estre aneanty en tout soy-mesme selon la Chair, & de l'estre encore si vniuersellement dans l'esprit de tous les Hommes, que par tout on soit en oubly, ne voulant aucune place dans leur souuenir. Il faut desirer que nostre memoire perisse entierement en la Terre, comme estans abominables selon nostre Chair, qui est vne chose execrable qui doit estre con- Obtulit in anathema obliuionis. *Iudith* 16. 23.

E iij

Contraste insuffisant

NF Z 43-120-14

damnée à vn oubly perpetuel.

6. Viure en paix dans le Mépris & dans la Confusion.

7. Se condamner soy-mesme d'Hypocrisie & d'Orgueil lors qu'on est loüé, pour auoir attiré sur soy la loüange qu'on ne meritoit pas.

8. S'humilier & se confondre dans les loüanges en la veuë de son Neant, & rapporter à DIEV auec joye tout l'honneur qu'on nous veut rendre, protestant que luy seul merite d'estre honoré.

Viure ainsi dans ces pratiques, abîmé en son Neant sans en sortir, & y trouuer son Centre & ses delices, c'est vne marque de la vraye Humilité. Car la vraye Humilité donne le desir d'estre caché, retiré, inconnu ; En vn mot, de ne paroître point, afin que IESVS-CHRIST paroisse seul en tout : Elle fait détruire le propre Estre, afin d'estre reuestu de IESVS-CHRIST, pour ne paroistre que sous luy & en luy.

à la vie Chrestienne.

Des Marques de la vraye Humilité.

SECTION CINQVIESME.

L'Ame veritablement humble ne croit pas qu'on la puisse mépriser; parce qu'elle se voit au dessous de tout ce qu'on peut dire. Ceux qui sont grands, peuuent estre humiliez; mais ceux qui sont vils & abjets, ne peuuent estre mis plus bas qu'ils sont.

L'Ame humble se garde bien d'affliger personne ; & elle choisiroit plutost toute sorte de peine, que de mortifier son Prochain : Si elle est obligée de le faire quelquefois, comme lors que le bien du Prochain le demande, c'est dans l'oubly de soy & dans l'abandon à l'Esprit de DIEV, qui se sert de sa parole & de sa langue épurée de tout interest, comme d'vn instrument, pour faire les effets du glaiue à deux trenchans, qui penetre au fond du cœur, qui separe l'Esprit

Viuus est sermo Dei, & efficax, & penetrabilior omni gladio ancipiti : & pertingés vsque ad diuisioné animæ ac spiritus, compagum quoque

ac medullarū, & discretor cogitationum & intentionum cordis. Ad Hebr. 4. 12.

de l'Ame, & qui purifie jusqu'au fond des moüelles. Et alors l'Esprit de DIEV en cette Ame aneantie, qui consomme son fond, & qui la rend participante de sa Sainteté, fait qu'elle voit & qu'elle porte auec peine les défauts des autres, qu'elle les corrige selon l'ordre de DIEV & en sa Diuine dépendance, & qu'elle dit ce que son Diuin Esprit luy fait dire, toûjours auec grande efficace & benediction.

L'Ame humble est toûjours dans de tels sentimens de bassesse & de vileté, se voyant au dessous de tout, & indigné de tout, qu'elle souffre auec affliction les moindres choses qui se font pour elle, & qui font paroistre qu'on en a quelque estime. Cóme si on appreste pour son besoin quelque morceau plus delicat qu'à l'ordinaire, elle sera toute desoléc, voyant l'estime & le cas qu'on fait d'elle en ce qui n'est rien.

Vne Ame humble doit estre tellement morte aux affronts & aux mépris, qu'elle demeure insensible à tout, ne songeant qu'à souffrir pour l'amour de DIEV; comme vne Brebis qui souffre qu'on l'égorge sans se plaindre. Elle doit estre tellement morte à tous ses sens, qu'elle ne regarde son Corps que comme vne Biere, & qu'elle attende incessamment qu'on l'enseuelisse, pour voir son Ame en liberté de s'enuoler dans le Ciel, afin d'y aymer & adorer DIEV de tout son cœur.

Elle doit viure en cét Esprit de Petitesse, & s'y maintenir incessamment. Et si elle se trouue quelquefois auec des personnes éminentes, pour des affaires concernantes la gloire de DIEV, elle doit incontinent retourner en sa Bouë & en sa Vileté; se retirant chez soy, se cachant dans sa Pauureté où DIEV la veut, & demeurant toûjours en sa Bassesse, & toûjours inconnuë.

L'Ame humble doit estre dans

les mains de DIEV, comme vne Plume au gré du vent; qui aprés auoir esté conduite où il plaist à sa Diuine Majesté pour faire son œuure, doit tomber & retourner dans la Bouë. C'est ainsi que l'Ame doit faire ses œuures en l'abandon au Saint Esprit: Car alors elles se feront dans vne Pureté admirable, & tout en DIEV.

Elle doit agir comme vn Laquais, qui va porter les messages de son Maistre, & qui ne sçait pas si c'est vne chose qui soit à son auantage & à sa gloire; agissant seulement dans ses intentions, sans autre veuë. Ainsi en doit-il estre du fidele Seruiteur de DIEV: Il doit tellement se dés-interesser, qu'il ne sçache pas si c'est pour la plus grande gloire de DIEV, qu'il agit & qu'il est employé. C'est assez qu'il le fasse en son intention, s'oubliant soy-mesme, & n'ayant que DIEV seul en l'esprit; en qui, pour qui, & par qui il agisse.

à la vie Chrestienne.

Enfin, la parfaite Pureté de l'Ame qui n'a point d'Orgueil, fait qu'elle ne desire rien, qu'elle ne veut rien, qu'elle ne se croit rien, qu'elle n'agit en rien par elle-mesme. Il ne faut pas mesme qu'elle vueille s'occuper de DIEV par elle-mesme. Et que faut-il donc ? Il faut que DIEV possede l'Ame, pour operer en elle selon son bon plaisir, & non pas que l'Ame vueille posseder DIEV pour en disposer selon sa propre Volonté.

CHAPITRE VI.

De la Superbe.

L'Humilité estant le Mystere des Vertus, & la plus difficile à comprendre, nous adjoûtons ce Chapitre de la Superbe, qui pourra contribuer à son éclaircissement, & fournir quelque iour pour la connoistre plus clairement.

Motifs pour faire detester la Superbe.

SECTION PREMIERE.

Superbia eorum qui te oderunt, ascendit semper. Psal. 73. 23.

LA Superbe est vn Monstre effroyable qui va toûjours croissant, & qui n'a point de bornes en son excez. Le cœur du Superbe n'est point content qu'il ne se fasse DIEV; mais il y va par degrez, & monte de desirs en desirs. Il n'en a pas esté de mesme dans le Demon. Car s'estant tout d'vn coup abandonné au desir excessif de l'Orgueil, il declara en mesme temps sa pretention : *Ie monteray*, dit-il, *& seray semblable au Tres haut*. Ce fût aussi la pensée qu'il suggera à Adam : *Vous serez comme des Dieux*.

Ascendā super altitudinē nubium, similis ero altissimo. Isa.14.14. Eritis sicut dij. Gen. 3. 5.

C'est ainsi que Nabuchodonosor & tous les autres Princes se sont faits adorer comme DIEV. C'est ainsi mesme que l'Antechrist sur la fin des Siecles, s'asseoira sur les Autels en la place de

Cum videritis abominationem desola-

IESUS-CHRIST. Et c'est là où va la pretention de cét horrible vice de la Superbe dans les cœurs. *Le commencement de la Superbe est de se faire Apostat de* DIEV : Et sa pretention est de se mettre en sa place, & de devenir DIEV mesme.

De là vient que le Superbe est en execration à DIEV & à tous les Hommes. Tout l'Estre de DIEV luy resiste pleinement, par l'interest naturel qu'il a de se maintenir & de se conserver, & mesme de détruire ce qui le veut aneantir : Et de mesme que toute vne famille s'éleue contre vn traistre valet, qui veut détruire le Pere & le Chef de famille ; ainsi toute la Creature entre secretement dans l'execration contre vn mal-heureux, qui plein de Superbe tend à déthrôner DIEV, & à le détruire. C'est pour cela que dans la punition du Peché de Superbe, qui a paru dans les Demons, non seulement DIEV, mais tous

tionis statem in loco sancto. Mat. 24. 15. Ita vt in templo Dei sedeat. 2. ad Thes. 2. 4. Initium superbiæ hominis est apostatare à Deo: quoniam ab eo qui fecit illum recessit cor eius. Eccli. 10. 14. Odibilis coram Deo est, & hominibus superbia. Ibid. 7.

les Anges ensemble ont esté joints à DIEV pour les abbatre & les détruire: Ce n'est donc pas sans fondement, que la Sainte Escriture dit, *que DIEV resiste aux Superbes*; ce qu'elle ne dit point des autres Vices: parce que la Superbe s'attaquant directement à DIEV, & en voulant à sa propre Personne, il resiste à ses pretentions insolentes & horribles; & comme il se veut conseruer en ce qu'il est, il abbat & détruit ce qui s'éleue contre luy.

{*in margin:* Deus superbis resistit. Iac. 4. 6.}

D'où vient que l'Ecclesiastique, aprés auoir dit que *le commencement de tout Peché, est la Superbe*; il adjoûte: *Qui tenuerit illam, adimplebitur maledictis, & subuertet eum in finem*: Aprés que DIEV, & par soy-mesme & par sa Creature, aura remply les Superbes de malediction; Enfin il les détruira, non seulement en leurs personnes, mais encore en toute leurs generations. Il détruira leurs biens: Il renuer-

{*in margin:* Initium omnis peccati est superbia. Eccli. 10. 4. Ibid. 15.}

{*in margin:* Disrumpet illos inflatos sine voce, & commouebit}

à la vie Chrestienne.

sera de fonds en comble leurs maisons: Et ce qui est encore plus, pour témoigner l'horreur qu'il a de sa Creature Superbe, il en effacera mesme la memoire, qui est tout ce qu'il y a de plus leger qui peut rester de l'Homme: Comme si par impossible aprés auoir détruit vne Statuë, il en restoit vne ombre, & qu'on voulut encore aller jusqu'à la destruction de cette ombre: C'est la persecution que Dieu fait au Superbe, lors qu'il en veut détruire la memoire.

De ce dessein maudit de l'Homme Superbe, naist celuy de son malheur perpetuel en cette vie, en attendant le Iugement de Dieu en sa mort & aprés sa mort. Car si la pretention du Superbe qui persiste toûjours opiniâtrement dans ses desseins, rencontre toûjours la main toute-puissante de Dieu, qui luy resiste & qui l'accable, quelle peut estre la vie de ce pauure miserable?

illos à fundimē-tis, & vsque ad supremum desolabantur. Sap. 4. 19. Et memoria illorū peribit. Ibidem. Radices gentium superbarū arefecit Deus. Eccli. 10. 18. Terras gentiū euertit Dominus, & perdidit eas vsque ad fundamentum. Ibid. 19. Cessare fecit memoriam eorum a terra. Ibid. 20. Memoriā superborū perdidit Deus. Ibid. 21.

Le Superbe s'éleue toûjours, & toûjours DIEV luy resiste : Le Superbe est toûjours en contention & en mouuement, & toûjours il ressent le rebut & la pesanteur de la droite de DIEV qui écrase son Orgüeil. DIEV écrase celuy sur lequel il tombe, & qui s'attaque à luy. Quelle paix en cét estat, quelle joye & quel repos d'esprit! *Contritio & infelicitas in vijs eorum; & viam pacis non cognouerunt.*

Or sa peine est dautant plus grande & plus vniuerselle, qu'outre que ce rebut est directement opposé à sa pretention, ce vice éleue vniuersellement tous les desirs de l'Homme. Car la Superbe fait qu'on veut estre grand & excellent en tout ce qu'on est; parce que comme le fond caché de la pretention du Superbe, est de se faire DIEV, dont tout l'Estre est infiniment grand & parfait; dé là vient qu'il veut estre grand & excellent en tout.

Super quem ceciderit conteret eu DEVS. Matt. 11. 44.
Non est pax impijs. Isa. 48. 22. & 57. 21. Psal. 13. 3.

Le Superbe veut estre grand en richesses, en terres, en meubles, en dignitez, en charges, en honneurs ; excellent en beauté, en force, en science ; En vn mot, en toutes choses : Mais estant impuissant pour auoir tout en soy, d'autant plus qu'il a de desirs naissans de sa Superbe, dautant plus a-t-il de sujets & d'occasions d'inquietude & de souffrance. La priuation le tuë ; le bien d'autruy l'accable. Enfin, le Superbe est le spectacle le plus funeste & le plus affligeant de toute la Creature.

Aprés tout, quelle folie & quel aueuglement, de se sentir & de s'experimenter si pauure, si vil, si miserable ; & de vouloir s'estimer pouuoir estre & auoir toutes choses. Le desir du Superbe l'éleue, & son impuissance l'abbat & le rebute. Telle est la contradiction que le Superbe ressent contre soy-mesme.

De la Nature de la Superbe.

SECTION SECONDE.

LA Superbe est vn desir excessif de la propre excellence. Premierement, c'est vn Desir, & non pas vn Appetit. Car l'Appetit est vn mouuement naturel & necessaire, qui est en nous sans nous, & mesme contre nostre propre desir. Mais le Desir est vn mouuement & vne inclination libre, & que nous approuuons par nostre consentement. Il est en nous auec nous, & il est conforme à nostre volonté, qui en est la mere & la maistresse.

L'Appetit excessif de Grandeur est en nous par le Peché Originel, & par le principe de la generation maligne, qui a remply nostre Chair de sa corruption abominable; en sorte que nostre Chair en a infecté nostre esprit: Si bien que la masse de l'Homme reuêtuë & remplie de cette infection & maudite semen-

à la vie Chreſtienne.

ce, nous rend tout ſemblables au Demon en noſtre fond : C'eſt pourquoy nous ſommes horribles, abominables & execrables deuant les yeux de DIEV.

Vos ex patre Diabolo eſtis & deſideria patris veſtri vultis facere. Ioā. 7. 44.

DIEV, en formant noſtre eſtre conforme à luy & animé de ſa Vie Diuine, nous auoit fait ſemblables à ſes perfections ? Nous tenions ſa place en la Terre, & toute la Creature nous deuoit rendre honneur, hommage & reſpect, comme à la Perſonne de DIEV meſme. L'Homme alors eſtoit grand & parfait ; & demeurant intimement vny & adherant à DIEV, qui ſe rendoit ſenſible en luy, il ne receuoit que pour DIEV & en DIEV, ſans appropriation à ſoy-meſme, tous les honneurs & les hommages de la Diuinité.

L'Homme étably en l'Eſtre & en la Vie de DIEV, contemploit comme DIEV & en DIEV meſme la Diuinité, dont il eſtoit remply ; & rauy de ſa beauté & de toutes ſes perfections, il estoit enflammé de son Divin Amour : Il estoit aussi transformé en DIEV, & tout Deifié.

Dans la lumiere admirable qui remplissoit son Esprit, il voyoit & contemploit DIEV en toutes ses Creatures, imitant la veuë que DIEV a de soy-mesme en toutes ses œuures, marquée par ces pa- roles de Moyse ; *Vidit DEVS cuncta quæ fecerat ; & erant valde bona.* Enfin, l'Homme en cét estat admirable & Divin, estoit en l'adherence & en l'intime vnion qu'il auoit à DIEV, vn Ouurage excellent & parfait.

Gen. 1.31.

Qui adhæret Domino vnus Spiritus est. 1. ad Cor. 6.17.

Alors il ne s'approprioit rien, & n'estoit en rien diuisé & dés-vny de DIEV ; il jouyssoit de tout en DIEV ; il ne se voyoit en rien, mais il ne voyoit en soy que DIEV excellent & parfait, & meritant tout honneur & loüange.

Ainsi Saint Paul parlant des Chrestiens, dit, Qu'ils doiuent venir jusqu'à cette simplicité, que d'entrer en l'vnité de IESVS-CHRIST, en qui ils ont toute leur gloire, *Qui gloriatur, in Domino glorietur.*

2. ad Cor. 10. 17.

Du défaut de cette simplicité & de cette vnité, naist en nous la Propriété & la recherche de la propre excellence. Et c'est ainsi que l'Ange & l'Homme se sont perdus en se dés-appliquans de DIEV, & s'appliquans à eux-mesmes; dont recherchans la propre excellence, ils sont deuenus Superbes. D'où viét, dit l'Escriture, Que *le commencement de la Superbe est de commencer à se sparer de* DIEV, *& à prendre quelque interest particulier.*

Initium superbiæ hominis est apostatare a DEO. Eccli. 10. 14.

Le Demon ayant commencé a separer l'Homme de DIEV, en luy disant; *Vous serez comme des Dieux*; ayant tiré sa veuë de DIEV, & l'ayāt porté sur luy-mesme, il luy a suggeré & donné le desir d'estre DIEV, & de paroistre tel aux yeux de toute la Creature, pour en receuoir les hommages en la place de DIEV, & s'appliquer toutes les loüanges qui se rendoient à la Diuinité.

En l'Homme donc il y a deux choses: Vn Appetit dereglé; & vn Desir excessif de Grandeur & de propre Excellence. Cét Appetit n'est pas le Peché de Superbe, quoy qu'il soit vn reste du Peché & vn effet du Diable, qui a corrompu la Nature en nous, & les instincts de DIEV: Mais le Desir, l'adherence, & la volonté formée & actuelle de suiure cét appetit, est ce qui fait le Peché de Superbe.

L'Appetit est vn mouuement aueugle de la Chair & de toute la Creature viciée: Le Desir est vn mouuement raisonnable accompagné de la veuë & de la lumiere de la raison. Or le mal qui se fait auec cette veuë & ce libre mouuement, est Peché; Et si ce Desir est ardent, & pour vne chose excessiue, c'est vn Peché Mortel.

Secondement, la Superbe est vn

à la vie Chreſtienne.

deſir de la propre excellence. Car il y a vne excellence & vne perfectiõ qui eſt loüable, & que Dieu meſme nous approprie; *Soyez parfaits cõme voſtre Pere Celeſte eſt parfait.* Et il y en a vne autre qui eſt vicieuſe, qui eſt l'excellence en elle-meſme, & pour l'amour de nous-meſmes.

Le bon deſir de l'excellence eſt celuy qui eſt reglé ſelon vne bonne fin; le mauuais au contraire : Or pour ne ſe point tromper dans la fin, qui ſouuent eſt imaginaire, il en faut examiner les effets.

Dieu n'a étably la perfection en ſa Creature, & la recherche de l'excellence, que pour l'amour de luy & du Prochain. Il veut pour l'amour de luy, que nous ſoyons parfaits, & que nous faſſions des œuures excellentes, afin qu'il en ſoit honoré & glorifié. Que l'on voye, dit Noſtre Seigneur, vos bonnes œuures; afin que Dieu qui eſt caché dans les Cieux & inconnu au Monde, ſoit veu & connu en la

Eſtote vos perfecti ſicut & pater veſter cœleſtis perfectus eſt. Mat. 5. 48.

Noli altũ ſapere. Ad Rom. 10. 20.

Quod hominibus altũ eſt, abominatio eſt ante Deum. Luc 16. 15.

Videant opera veſtra bona & glorificent patrem veſtrum qui in cœlis eſt. Mat. 5. 16.

Terre par la perfection & par les œuures qu'il operera en nous. Or afin de voir si c'est pour DIEV que l'on agit, il faut sçauoir si on ne veut point tirer d'estime ny de loüange des bonnes œuures; si on ne s'en glorifie point; si on ne se réjouyt point d'en estre estimé & honoré; & si on rapporte tout à DIEV, dans le desir qu'il en soit seul estimé & glorifié en luy-mesme & par luy-mesme.

DIEV veut aussi qu'il y ait des personnes excellentes & parfaites, pour le bien du Prochain & pour le soûlagement de leur besoin. Or pour connoistre si on entre dans ce dessein de DIEV, qui est le soûlagement du Prochain, il faut sçauoir si on employe auec plaisir son industrie pour sa consolation & pour son soûlagement; ou bien si c'est pour le propre interest, si on se voit, si on se recherche, si on se regarde, si on s'occupe de soy, si on fait attentió, & si on s'arrester à l'estime,

Honora medicum propter necessitatem etenim illũ creauit altissimus. Eccl. 38. 1.

stime ; Enfin si on recherche quelque propre vtilité. Il en est de mesme des autres vacations, où les vns ne pensent qu'à se glorifier, à s'éleuer au dessus des autres, & à attirer des loüãges ; & les autres ne cherchent que du lucre & du gain : Cela n'est point dans les intentions & dans les desseins de Dieu.

La Superbe fait que l'on recherche l'excellence, non pas pour elle-mesme, ny pour entrer en elle, ny pour passer en Dieu, qui est le Pere de toute excellence, & l'Ocean de toute perfectiõ ; Mais on la recherche pour soy & pour l'attirer à soy. Ainsi par le fond du mal-heureux amour propre, on change la droiture des choses, qui porte le moins & l'imparfait, à l'excellent ; & non pas l'excellent, au moins parfait.

L'Estre de Dieu ne peut venir en composition auec quoy que ce soit ; non pas mesme en Iesus-Christ ; à cause qu'estant infiniment parfait, il ne peut estre

F

pour aucune chose, mais toutes choses sont pour luy : Le Superbe pourtant fait venir DIEV à soy. C'est l'effet du Peché, de corrompre l'ordre & la nature des choses; mais particulieremēt c'est l'effet de l'Arrogance & de l'amour propre d'attirer tout à soy, & de rendre tout sien. Où l'ordre de la Charité est de sortir de soy, & de se porter dans l'Estre parfait pour passer en luy, & pour y estre entierement consōmé.

C'est là l'Abnegation admirable que fait de soy celuy qui est animé de la Vie pure de DIEV sanctifiant sa Creature, & venant en elle pour la porter à sa fin, pour l'vnir à l'Estre Souuerain & parfait, & pour luy faire oublier tout ce qu'elle est dans son Estre imparfait, afin d'aller à sa source & à sa propre perfection, qui est DIEV mesme, où elle aura vn Estre plus excellent que celuy qu'elle possede : Car il l'attend pour la consommer, & pour la faire passer dans l'Eftre éminent de sa Diuinité.

Le fond de l'amour propre attirant DIEV à soy, le fait seruir à sa Superbe. Car par vn aueuglement effroyable regardant DIEV en soy & ses perfections, comme vne chose de soy-mesme, il se glorifie de tout ce qu'il a & de tout ce qu'il participe de DIEV, côme si c'estoit vne chose qui luy fût propre & qu'il eut de luy-mesme : Ainsi il ne voit point la cause qui répand en luy ce Bien & cette Grace, par vne diffusion tres-charitable. Voila le larcin, l'ingratitude & l'insolence de la Superbe.

Si la Superbe dans vn Homme ne luy fait point voir DIEV en soy côme sien, & ses desirs comme propres, & comme ne les tenant point par dépendance de la Bonté Diuine, elle luy persuade que l'excellence de ses Dons est en luy par ses propres merites & par son trauail ; Ce qui est vne autre sorte de Superbe, qui se nomme Arrogan-

F ij

ce, laquelle fait que nous nous attribuons & à nos propres merites, ce que nous n'auons eu que par la Grace & par la Misericorde de DIEV, qui a esté en nous nostre Lumiere, nostre Inclination, nostre Vie, nostre Vertu, & nostre Tout ; Hors duquel nous ne pouuons ny penser, ny vouloir, ny faire le bien en aucune maniere.

Des Degrez de la Superbe.

SECTION TROISIESME.

CEs fausses & mal-heureuses persuasions dont nous auons parlé, sont les fondemens de tout l'excez de la Superbe. Car cét aueuglement dans l'esprit est le principe des desirs iniques dans la volonté : Si bien qu'en suite de ces fausses illusions & de ces maudites erreurs, qui font croire à l'Homme confusément, & sans reflexion ny examen, qu'il est quelque chose de grand ; Ce qui est vn vray Enchantement, car si on examinoit vn peu les choses en la Foy, il seroit aisé de se voir trompé.

En suite, dis-je, de ces fausses croyáces, d'estre par soy fort excellent, & de valoir beaucoup par son propre merite, on veut par justice l'honneur, le respect, & la loüange; on les attend de tout le Monde ; on les recherche ouuertement, ou secretement ; on les attire par ce qu'on peut, quand ce ne seroit qu'en s'humiliant & en se méprisant pour estre rehaussé.

Si on ne reçoit point la loüange, comme on l'attend & comme on la veut ; on s'en chagrine ; on s'en offense ; on méprise ceux qui ne nous loüent pas, comme ne connoissans pas nostre merite ; on s'éleue sur eux par le mépris qu'on en fait ; & on en vient mesme aux injures & aux querelles.

Si on ne donne point aux Superbes les loüanges qu'ils desirent, ils

F iij

croyent toûjours certainement qu'ils les meritent ; Et si on leur en donne, on est le bien venu ; on est aymé ; ils admirent mesme leurs approbateurs.

O folie ! Comme si les hommes estoient capables de nous estimer ! Qu'est-ce que met en nous leur estime, & qu'est-ce que nous oste leur mépris ? L'vn & l'autre traitement nous est fort exterieur, & nous doit estre indifferent.

Quels Iuges auons-nous que les Hommes, qui sont aueugles, ou meschans ? S'ils sont aueugles, comme la Sainte Escriture nous marque, lors qu'elle dit ; *Que les Hommes ne voyent que l'exterieur, & que* DIEV *seul voit nostre interieur*; ils ne peuuent estre nos Iuges. S'ils sont méchans, ils flateront exterieurement nostre Superbe, & s'en mocqueront en leur Cœur.

Les Hommes sont méchans ; ils sont Superbes ; ils veulent pour eux l'honneur. Ne croyez pas qu'ils

Homo videt ea quæ parent. Dominus autem intuetur cor. 1. Reg. 10. 7.

vous en fassent, si ce n'est malicieusement, comme dit l'Escriture : L'homme méchant s'humilie & s'abbaisse deuant vous, pour vous obliger à l'aymer & à l'honorer, pour acheter par son honneur le vostre, & pour en receuoir plus qu'il n'en rend. Le Superbe s'éleue toûjours : Il fuit le mépris ; & s'il s'abbaisse, c'est pour fuïr le rebut & la confusion, & pour meriter l'accueil & la loüange.

Est qui nequiter humiliat se. Eccli. 19. 23.

En suite de cette estime, & de cette loüange ou adoration qu'on desire, qu'on se procure, & qu'on reçoit parmy les hommes, on s'établit en son esprit dans vn certain estat d'éleuation au dessus de tout le Monde. On se voit singulier ; on se regarde comme vnique en sa valeur ; on entre par là en cette creance secrete d'estre vnique comme DIEV ; on s'imagine ou que l'on sçait singulierement les choses, ou que l'on a & que l'on peut quelque chose de singulier & d'vnique.

singulariter sum ego. Psal. 140. 10.

F iiij

Et de là naissent les rauages & les effets maudits de la Superbe. Car jusques-là elle n'est que timide; elle n'est qu'en pensée & en desir de son établissement; elle n'est pas encore en jouyssance, ny établie en son Throne & en son Siege: Mais aussi-tost qu'elle y est assise, & qu'elle s'y est fortifiée, elle commence à faire des maux épouuantables.

C'est ce qu'on voit dans le Demõ, qui fait rtois choses effroyables au milieu des Anges dans le Ciel: Et ce qu'on voit aussi dans les Superbes du Monde au milieu des Republiques, & des Societez humaines.

Premierement, l'Esprit étably dans la croyance aueugle de sa valeur singuliere, s'asseoit en son esprit, comme le Demon, dans le Throne de DIEV; Il le méprise & le blasphéme en luy. C'est pourquoy la Superbe s'appelle Blasphéme en la Sainte Escriture: Dans l'Apocalypse le Diable a écrit sur

à la vie Chrestienne. 129

le front, *Blasphemia*. En suite de son mépris, il fait tous ses efforts pour s'éleuer, & pour se mettre à la place de DIEV.

super capita eius nomina blasphemiæ. Apoc. 13. 1.

C'est ce que fait tout inferieur Arrogant & Superbe, qui a laissé gagner en son esprit la fausse estime, & l'erreur aueugle & secrete de sa valeur. Quoy qu'il se cache souuent sous le manteau de l'Humilité, parce que c'est vne vertu estimée, & qui est necessaire pour estre crû quelque chose; il s'établit neātmoins en la creance qu'il doit estre honoré. De sorte que s'il est méprisé, rebuté, ou condamné; il se bouffit, il se mutine, il condamne, il médit, il méprise, il depossede en son esprit toute puissance superieure, il se met au dessus de tout, il cherche par tout quelqu'vn qui l'ayme & qui l'estime, il fait des amis & des adherans qui se font vn auec luy, & qui s'éleuent ensemble par vne commune conspiration.

F v

Vne Ame ainsi établie en l'estime d'elle-mesme, & persuadée de sa valeur par ses vertus exterieures, s'établit au dessus de tout; elle juge tout, & decide de tout, mais toûjours en sa propre faueur & à la condamnation d'autruy. Elle cherche toûjours secretement à regner sur tous les Hommes, ou sur vne partie; & il n'y a rien qu'elle ne fasse pour reüssir dans ce dessein.

La Seconde chose que fait le Demon dans le Ciel, est de separer ses Freres de la soûmission à DIEV; de faire bande à part; de diuiser par sa reuolte le Royaume de DIEV; de ruïner la Republique du Ciel, & de détruire cét Ouurage que DIEV auoit formé auec tant de plaisir. Ainsi, soit par dépit contre DIEV, qui occupe toûjours sa place & son Thrône de DIEV; soit par vn desir forcené d'honneur, pour auoir à soy des adherans, des flateurs, & des adorateurs, il détruit toute la Société & l'Oeconomie du Ciel.

à la vie Chrestienne. 131

Le Superbe fait la mesme chose dans vne Communauté. Il ne manque jamais, ou comme ennemy de la domination, qui l'humilie & qui condamne son procedé, ou par amour de flaterie & de loüange, ou par desir d'appuy, de soûtien & de consolation en ses rebuts & en ses desolations, de faire schisme & diuision ; & voudroit par vne haine secrete, détruire s'il pouuoit toute la societé de ses freres, quoy qu'il deût estre en execration deuant DIEV.

La Troisiéme chose que fait le Demon, est qu'il méprise & rompt les Loix de DIEV, & dans le Ciel, & sur la Terre. Car outre la Religion de DIEV & l'vnion des Freres qu'il détruit, qui sont les deux Loix capitales du Ciel, il vient en Terre, & descend au Paradis terrestre, pour y rompre encore par sa suggestion maudite, toute la Loy de DIEV. DIEV dit à l'Homme que s'il mange du fruit qu'il luy def-

In quocumque die co-

F vj

fend, il mourra; Et le Demon luy dit au contraire, que s'il en mange il ne mourra point, mais qu'il sera comme DIEV. C'est ainsi que font les Superbes dans les Societez : Ils s'en prennent enfin à la Loy, & tâchent de la détruire & de la rompre.

mederis ex eo, morte morieris. Gen. 2.17. Nequaquam morte moriemini, eritis sicut dij. Gen. 3. 4. & 5.

De la Vertu de Penitence.

CHAPITRE VII.

La Vertu de Penitence est ou exterieure ou interieure. L'interieure qui est la principale, & qui donne la valeur à l'exterieure, porte auec soy trois dispositions necessaires: L'Humiliation; la Cótrition; & l'Abandon à la Iustice Diuine, pour porter tels effets de sa vengeance qu'il luy plaira.

L'Esprit de Penitence est l'Esprit mesme de DIEV, qui a esté répandu premierement en IESVS-

CHRIST, & en suite par IESVS-CHRIST en son Eglise ; & qui operant diuers sentimens dans les Ames, y imprime specialement ceux de la Penitence. Ce qu'on peut remarquer en la personne de Dauid, qui auoit receu par auance l'abondance de cét Esprit, comme figure du Fils de DIEV Penitent.

On voit en luy l'expression de diuers mouuemens & dispositions, où son Ame estoit établie par l'operation de l'Esprit de Penitence, lesquels paroissent dans ses Pseaumes, qui ont esté donnez à l'Eglise pour le soûlagement & pour la consolation des Penitens. Car ils sont merueilleusement consolez, lors qu'ils se voyent conformes à ce qui est exprimé dans l'Escriture Sainte, qui est la regle de leur conduite & de leur vie, & qui exprime la vie interieure de IESVS-CHRIST dans les Ames, qui doit estre la mesme en elles qu'elle a esté en luy ; comme elle a esté la mesme dans ses Membres, & qui l'ont precedé & qui l'ont suiuy dans l'Eglise.

Saint Paul dans le Nouueau Testament, comme Dauid dans l'Ancien, exprime l'interieur Penitent de IESVS-CHRIST. Ils sont tous deux si conformes en leurs expressions, qu'on reconnoît facilement qu'ils ont esté animez du mesme Esprit, qui en l'vn auant la venuë de IESVS-CHRIST au Monde, & en l'autre aprés son retour à son Pere, a operé les mesmes effets.

Dauid dit que la crainte & la frayeur l'ont saisi, & qu'il a esté épouuanté à la veuë des Iugemens de DIEV : *Timor & tremor venerunt super me. A iudicijs enim tuis timui :* Et Saint Paul nous apprend qu'il n'a pas eu moins à souffrir par les peines, que les craintes & les frayeurs donnoient à son interieur, que par les calomnies & les persecutions, dont ses ennemis l'atta-

Psal. 54. 6. & 118. 120.

quoient en son exterieur; *Foris pu-* 2. ad Cor. 7. 5.
gna intus timores. Dauid en qualité
de Penitent nous témoigne qu'il a
esté disposé de souffrir en son corps
tout ce qu'vn Criminel doit souffrir; *In flagella paratus sum.* Et Saint
Paul nous dit qu'il a traité son
Corps comme vn esclaue, & qu'il
la châtié tres-seuerement; *Castigo* 1. ad Cor.
corpus meum & in seruitutem redigo. 9. 27.

L'vn & l'autre nous font connoître par l'expression de leurs sentimens, que les Penitens de l'Ancien & du Nouueau Testament
ont esté conformes à IESVS-
CHRIST Penitent, qui estoit
remply de craintes & de tremble- *Terrores*
mens en son interieur, à la veuë *tui con-*
des Iugemens & des rigueurs de *runt me.*
DIEV son Pere irrité contre luy; & *Psal.* 87. 17.
qui en mesme temps souffroit au
dehors la guerre & la persecution
des Iuifs, qui le cherchoient pour
le crucifier. En cét estat il s'offroit
continuellement à son Pere, pour
porter tous les tourmens qu'ils luy

preparoient en punition de nos Pechez, pour lesquels il desiroit ardemment de luy satisfaire.

Ainsi il faut en lisant les Pseaumes, honorer en David l'Esprit de Penitence, & respecter auec grande Religion & quietude, les dispositions de l'Esprit interieur de IESVS-CHRIST, source de Penitence, répandu en ce Saint. Il faut y demander part auec humiliation de cœur; auec instance, ferueur & perseuerance; mais sur tout auec vne humble confiance que cét Esprit nous sera communiqué.

S'il arriue qu'aprés auoir demandé ce Saint Esprit, dont nous voyós les effets communiquez à l'Ame de ce Saint, nous ne ressentions pas en nous sensiblement ces mesmes dispositions, il ne faut pas pour cela se desoler. Car nous sçauons que nous ne soûpirerons pas vn moment dans l'Oraison, animez de l'Esprit, que nous n'attirions quelque chose sur nous & en nous; à eaufe que Dieu ne refufe rien à l'Efprit qui prie en nous ; Il l'exauce toûjours, de mefme qu'il exauce Noftre Seigneur pour la reuerence qu'il luy porte ; *Exauditus eft pro fua reuerentia.* J'ay ouuert, dit Dauid, *la bouche de mon cœur, & j'ay attiré l'Efprit.* Et comme il eft dit ailleurs ; Iamais vne parole interieure ne fera addreffée à Dieu, qu'elle ne foit exaucée, & qu'elle ne retourne auec fon fruit.

Ad Hebr. 5. 7. Os meum aperui & attraxi fpiritũ. Pfal. 118. 131.

Non reuertetur ad me vacuum. Ifa. 55. 11.

Dieu s'eft engagé de parole d'accorder à la priere des Hommes le Don de cét Efprit, qui eft la nourriture de l'Ame. Il le donne à l'Eglife felon les befoins de fes Enfans, & diftribuë ce Pain à vn châcun des petits qui luy demande. Mais comme cét Efprit Diuin eft infenfible dans fon action, à caufe de fa pureté ; quand il fe donne à l'Ame comme nourriture & aliment, il le fait d'vne maniere infenfible. L'Ame le reçoit veritablement en elle, & croift en fa vertu ;

mais imperceptiblement. De sorte qu'on ne voit pas & qu'on ne sente pas cette augmentation, c'est qu'elle consiste dans vne Grace insensible ; & qu'elle est receuë dans le fond de l'Ame, qui est pareillement insensible. On ne voit pas croistre le Corps grossier de l'Homme, quoy qu'il soit nourry par vne substance sensible. On ne voit pas mouuoir l'aiguille d'vn cadran, quoy que le mouuement en soit sensible. Il ne faut donc pas s'étonner, si l'on ne peut apperceuoir par les sens les actions de ce Diuin Esprit, mais il faut seulement en Foy se confier à la Parole de Dieu, qui donne tout à l'Oraison ; & estre humbles en la Priere, mais confians en luy, & ouuerts en sa presence pour receuoir ses operations.

Si lors que nous lisons les Pseaumes, la Bonté de Dieu operoit en nostre cœur des dispositions & des sentimens semblables à ceux

à la vie Chrestienne. 139

que nous lisons ; & si nous éprouuions vne certaine operation d'Esprit, qui nous fit goûter ce que nous meditós, & qui nous fit suiure d'attention, d'ouuerture & de goust les termes de Dauid ; nous ne deurions pas interrompre cette operation pour poursuiure nos demandes, mais il faudroit en demeurer là ; à cause que ce seroit estre dans la chose mesme deuant que de la demander ; ce seroit estre dans la fin de son Oraison dés le commencement ; ce seroit estre preuenu dans nos demandes, & receuoir gratuitement ce que les fideles seruiteurs & les forts ont peine à obtenir, aprés beaucoup de prieres & d'humiliations.

Par exemple, si en lisant ce Verset ; *Domine, ne in furore tuo arguas me, neque in ira tua corripias me*; Il arriuoit que nous eussions l'intelligence de ces paroles ; qu'elles operassent au fond de nous vne priere & vn desir conforme à celuy de Da-

Psal. 6. 2

uid ; que nous fussions humiliez deuant Dieu, luy demandant auec crainte qu'il ne nous condamnât point en sa fureur, & qu'il ne nous jugeât point en sa cholere; & que cela tint nostre Ame en tremblement deuant sa Majesté, il ne faudroit pas chercher vne autre occupation, parce que ce seroit vne marque de l'operation Diuine; mais il faudroit demeurer en paix dans cét estat, & laisser operer l'Esprit, en nous nourrissant de cette disposition.

Que si l'Esprit cessoit de nous nourrir & de nous tenir occupez en cette sorte, nous pourrions passer aux Versets qui suiuent. Que si enfin il se trouuoit que Dieu eût retiré son operation sensible de nôtre Ame, nous laissant en nudité dans la pureté de la Foy, nous pourrions commencer de prier d'vne autre maniere, & nous seruir d'vne autre methode, comme de celle que nous auós expliquée cy-deuát.

Pag. 36.

à la vie Chrestienne. 141

Diuerses sortes de Penitences Interieures.

SECTION PREMIERE.

IL faut se laisser à Dieu, afin qu'il nous fasse porter tout abandon, toute seicheresse & delaissement, toute crainte, toute tristesse, toute douleur; qui sont des effets d'vne Penitence interieure operée de Dieu, & qui n'est connuë que de luy seul, & de ceux qui la portent.

Il faut s'abandonner à sa Diuine Iustice, pour porter les terreurs de ses Saints Iugemens; pour porter les rebuts interieurs de nos Ames & de toutes nos œuures; pour porter ses reproches & ses injures.

C'estoit l'estat de Penitence interieure de Iesvs-Christ, dont les peines passoient infiniment les exterieures. Il estoit abandonné à Dieu de tout temps; c'est à dire, dés le premier moment de son Incarnation, pour porter ces estats: & il les a toûjours portez durant sa vie, à cause qu'il estoit en ce Monde pour faire Penitence, & pour porter les estats interieurs & exterieurs qui estoient deûs aux Pecheurs.

In te proiectus sũ ex vtero. Psal. 21. 11. Dolor meus in cõspectu meo semper. Psal. 37. 18.

Il n'a pas seulement porté toute peine & douleur en ses membres; souffrant en tout luy-mesme, à cause que les Pecheurs offensoient auec plaisir par toutes les parties de leurs Corps; mais de plus, il a porté la derniere peine corporelle deuë au Peché, qui est la Mort. Il a esté fait obeyssant jusqu'à la Mort, & la Mort de la Croix; qui est la derniere des peines du Corps, qu'il a voulu auoir deuant les yeux toute sa vie, & dont il a voulu porter toute la sensibilité & la peine, dans son agonie au Iardin des Oliues.

A planta pedis vsque ad verticem non est in eo sanitas. Isai. 1. 6.

Il n'a pas seulement porté les peines exterieures en ses tourmens, mais il a porté encore les peines interieures, dans toute l'étenduë des

à la vie Chrestienne. 143
passions, qu'il souffroit s'éleuer en luy pour l'affliger en sa partie inferieure.

Il a porté en son Esprit les veuës des mépris, des rebuts, des delaissemens & des injures de son Pere, qui l'auoit chargé de la honte & de la confusion, que meritoient les pechez qu'il n'auoit pas commis. *Improperia improperantium tibi ceciderūt super me. Psal. 68. 10. Ad Rom. 15. 3.*

Le reproche que D I E V fait aux Pecheurs auec opprobre, en les jugeant & en les condamnant, est cela mesme que I E S V S-C H R I S T a porté de la part de son Pere: Ce qui luy faisoit dire : *Longè à salute mea verba delictorum meorum.* *Psal. 21. 2.*

Non seulement il se voyoit enuironné de tous les Pechez des Hommes, qui de leur nature s'éleuans auec effort contre D I E V, luy estoient vne charge insupportable: Non seulement il estoit accablé des cris & des blasphémes que tous ces pechez vomissent contre sa Diuine Majesté ; mais encore il receuoit sur luy de la bouche de son Pere, les injures & les opprobres des Pechez dont il estoit chargé ; qui estoient comme autant de tonnerres qui l'accabloient, & qui par vn terrible & seuere jugement l'éloignoient de luy.

Il faut qu'vne Ame s'expose à porter en soy la Penitence interieure, où Dieu le Pere met quelquefois les Ames par luy-mesme & par sa propre Iustice, & que luy seul sçait operer en l'Ame. C'est là le dernier abandon où l'Ame se puisse reduire.

Et c'est de cette peine dont Nostre Seigneur parle, sur tout en la description de celles de sa Mort. Il parle d'abord de celle-là, & en suite il décrit quelque portion des autres.

Psal.21.2. C'est dans le Pseaume, DEVS DEVS *meus, vt quid me dereliquisti*; où il fait mention de ses souffrances exterieures & sensibles, mais qui n'approchent en rien des interieures.

Ainsi, il faut estimer peu tout l'exercice

l'exercice exterieur des jeûnes, des disciplines, de l'abstinence des plaisirs du Corps, auprés de cette Penitence interieure. Vn seul moment de celle-cy est plus que toutes les autres sans elle.

Cét estat de Penitence opere tout d'vn coup en l'Ame les dispositions de la reelle & veritable Penitence; de la Penitence essentielle de l'Esprit. Car ces veuës operent vn profond aneantissement & vne tres-grande confusion: Elles operent condamnation, horreur & contrition du Peché: Elles operent abbattement & soûmission de l'Ame, aux effets de la Sainte Iustice de DIEV sur nous.

Bien-heureux est celuy qui se met en estat de pureté interieure pour porter ces effets! Mais si on n'en est pas jugé digne de DIEV pour son infirmité, & pour son impureté particuliere, il faut s'abandonner à luy pour porter tel effet qu'il voudra operer en nous; Soit par sa main Diuine qui s'étéd mes-me sur nostre interieur : Soit aussi par le ministere des Creatures, cō-me quelquefois par les Demōs, que DIEV employe à nous tourmen-ter, & qui nous viennent affliger de tentations tres-vehementes, tres-douloureuses, tres-odieuses & effroyables; comme sont celles de blaspheme, d'impureté, de de-sespoir, d'infidelité, de jalousie, de tristesse & de douleur, qui sur-passent les effets ordinaires de la nature : Soit aussi par le moyen des Hommes, dont il se sert souuent pour nous punir & pour se vanger; cōme il le fait ou par des seruiteurs & domestiques paresseux, negli-gens & infideles ; ou par des Hom-mes estrangers qui nous font pei-ne en leur humeur, & qui sont fâ-cheux dans leurs approches trop frequentes, dans leur antipathie, dans le desir que nous y remar-quons de nous supplanter, de nous trahir, & de se mocquer de nous :

Misit in eos iram indignationis suę: indignationem, & iram, & tribulationem; immissiones per Angelos malos. Psal. 77. 49.

Soit enfin par les ordres des Directeurs, qui nous imposent au nom de DIEV la Penitence qu'il leur inspire : Ceux-cy sont les moins fâcheux ; parce que comme on s'est soûmis à eux auec liberté, on accepte ce qu'ils ordonnent auec amour.

C'est ainsi que Nostre Seigneur se soûmit à Saint Iean Baptiste, qui tenoit la place du Pere Eternel, par lequel il estoit enuoyé. C'est ainsi qu'il receut de sa main le Baptême, qui estoit l'obligation à la Penitence; & qu'il fut aussi chargé par luy des Pechez de tout le peuple: Et comme le Bouc emissaire estoit chargé en figure par le Grand Prestre, de tous les crimes d'Israël; de mesme Saint Iean, qui estoit Fils de Zacharie & de la race des Prestres, quoy qu'il n'en fit pas pourtant la fonction exterieure, estant reserué pour vne œuure plus Sainte que celles de la Loy, & qui consommoit toute la Peniten-

G ij

ce de la Loy, chargea Noſtre Seigneur meſme exterieurement, des Pechez de tout le Monde, de la part de DIEV le Pere : Aprés quoy le Saint Eſprit le chaſſa au Deſert, comme le Bouc emiſſaire, & comme la Victime publique du Peché, pour ſatisfaire à DIEV.

Il faut en cét Eſprit nous retirer au Deſert auec IESVS-CHRIST, nous y laiſſant chaſſer par l'Eſprit, qui nous ſeparera du cómerce du Monde, de la Societé des Fideles, & meſme des gens de bien, pour nous mettre en eſprit hors de la vie, à laquelle nous deuons mourir interieurement.

De l'Eſprit de Penitence.

SECTION SECONDE.

NOſtre Seigneur eſt la plenitude de la Penitence. Il en porte l'Eſprit en ſoy, & en reueſt toute l'Egliſe ; En ſorte que toute la Penitence qui paroît au dehors

& à l'exterieur, si elle est reelle & veritable, émane de cét Esprit interieur de Penitence, qui est en IESVS-CHRIST; d'où il se répand en nous.

Toute Penitence exterieure, qui ne sort point de l'Esprit de IESVS-CHRIST, n'est pas vne Penitence reelle & veritable. On peut exercer sur soy des rigueurs, & mesme tres-violentes; mais si elles ne sont point émanées de Nostre Seigneur Penitent en nous, elles ne peuuent estre des Penitences Chrestiennes. C'est par luy seul que l'on fait Penitence : Il l'a commencée icy bas sur la Terre en sa propre Personne; & il l'a continuë en nous, dilatant en ses Membres, ce qu'il auoit retraissi en luy-mesme.

Ie ne dis pas seulement que la Penitence se fasse par IESVS-CHRIST; c'est à dire, par ses merites & par ses graces; mais encore ie dis que nous la deuons faire reellement en luy; c'est à dire, qu'il doit estre le principe en son Esprit de nostre Penitence; animant nôtre Ame des dispositions interieures d'aneantissement, de confusion, de douleur, de contrition, de zele contre nous-mesmes; & de force pour accomplir sur nous la peine & la mesure de la satisfaction, que Dieu le Pere veut receuoir de Iesvs-Christ en nôtre Chair.

Iesvs Christ est donc le Penitent public; & mesme le Penitent vniuersel : car c'est luy seul qui fait Penitence en tous. C'est luy qui charge le Corps de l'Eglise de chaînes, de cilices, de haires, & qui les porte dans les Chrestiens qui sont ses Membres; de mesme qu'il eut voulu en vser sur la Terre, & les porter luy seul en son Corps, s'il n'eut esté trop foible & trop petit.

C'est pourquoy il a voulu le dilater & l'élargir par le moyen de son Eglise; dans laquelle répandant son Esprit, & la reuêtant des inuentions de sa Penitence, il satisfait à DIEV son Pere en son Corps Mystique, comme en son supplément, au zele interieur & aux desirs immenses que son Esprit auoit de souffrir, & qu'il n'auoit pû assouuir en sa seule Personne.

Ecclesia, quæ est corpus ipsius, & plenitudo eius. Ad Ephes. 1. 23. Adimpleo ea, quæ desunt Passionū Christi, in carne mea pro corpore eius, quod est Ecclesia. Ad Coloss. 1. 24.

Il a pris pour sa part vne portion de Penitence exterieure, & il en distribuë aussi vne partie à châcun de ses Membres; mais il s'en est reserué pour luy seul, la plenitude de l'Esprit interieur, qui fait en tous ses Membres toutes les operations exterieures.

Nostre Seigneur est plus étendu en son interieur, qu'en son exterieur. Car il a en son Esprit l'interieur de tous; & en son Corps, il n'a que l'exterieur que son Pere luy a reglé; à quoy il s'est soûmis. Or comme cét interieur de IESVS-CHRIST estoit caché, son Pere a voulu qu'il fût manifesté; & que cette soif qu'il eut à la Croix, qui

G iiij

sitio.
Ioa.19.28.

luy fit dire, *l'ay soif*, fut entenduë & expliquée aux Hommes. C'estoit vne soif de souffrir pour son Pere & pour l'Eglise, & qui marquoit l'ardeur de sa Penitence, & le feu de son cœur animé de zele contre luy-mesme, pour détruire le Peché.

Il donnoit à entendre par cette parole, que quoy qu'vn Corps soit accablé, quoy qu'il soit miné & détruit, quoy qu'il soit extenué & reduit aux abois de la Mort, comme le sien estoit pour lors, il doit neanmoins viure dans l'Esprit de Penitence; Et que le desir de souffrir pour nos Pechez, & pour tous ceux qui ont offensé, & qui offensent encore la Majesté de DIEV dans l'Eglise, doit toûjours estre allumé dans nostre cœur.

De là nous apprenons la Communion de Penitence, en laquelle les Membres de IESVS-CHRIST doiuent entrer, en se donnans interieurement à l'Esprit de Peni-

rence de l'Eglise; qui est l'Esprit de
IESVS-CHRIST, mais répandu
& dilaté dans ses Membres; pour
auoir vn amour & vn zele vniuersel de satisfaire à DIEV en sa Personne pour tous les Pechez des
Hommes; & pour vouloir auec cét
Esprit vniuersel, par cét Esprit, &
en cét Esprit, estre present à tous,
afin de satisfaire & de contenter en
tous la Majesté de DIEV.

C'est là la Seconde Communion
de la Penitence, en laquelle nous
deuons entrer. Car Premierement
nous deuons entrer en Communion auec IESVS-CHRIST, faisant Penitence en luy-mesme; Secondement, auec IESVS-CHRIST
Penitent en ses Membres, afin
d'entrer en tout l'interieur de la
Penitence, qui ne doit point auoir
de bornes en nous, & qui doit passer infiniment l'étenduë de la Penitence exterieure, que nous deuons exercer sur nos Corps.

DIEV mesure tout au poids de

l'Esprit: Il voit combien nos œuures ont de l'Esprit Diuin, & selon cette mesure il les estime; parce qu'il n'y a rien en elles d'estimable, que ce qui y est de luy par son Esprit. De là vient que les œuures ds IESVS-CHRIST, & les moindres de ses actions, surpassoient tous les trauaux des Saints Apostres, & de toute l'Eglise; à cause de la plenitude de l'Esprit, de la science, de la lumiere & de l'amour, qui luy donnoient des veuës, des intentions, & des dispositions toutes Diuines d'honorer DIEV.

En effet, la plenitude de son zele, de sa force & de sa pureté, éleuant & remplissant ses œuures, faisoit plus deuant DIEV, que toute l'Eglise ensemble ne merite, & ne peut meriter. Car quoy qu'elle soit animée du mesme Esprit; elle n'agit pas auec l'étenduë immense de la Diuinité, auec laquelle ce Diuin Esprit agissoit en IESVS-CHRIST.

à la vie Chrestienne. 155

Ainsi, encore que l'Eglise exprime au dehors, vne partie de ce que l'amour de la Penitence meditoit en luy pour la satisfaction de son Pere; nous n'auons rien toutefois dans la mesme Eglise, qui exprime parfaitement l'étenduë de ses desirs, & la force de ses actes interieurs; nous n'auons rien qui exprime le poids immense de l'amour de son Cœur, & l'infinité de son zele à le contenter.

On en peut bien connoître à la verité quelque chose, par l'étenduë des rigueurs que son Esprit opere dans l'Eglise, & par la diuersité des peines & des souffrances qu'il porte luy-mesme dans ses Membres, qui luy seruent à accomplir & à acheuer sa Penitence : Mais pour le fond de son interieur, il n'y a que l'Eternité seule qui nous le monstrera. Rien ne nous le peut découurir en cette vie, dit Saint Ambroise.

Dei consilium humana vota non capiunt, nec quisquam interiorum potest esse particeps Christi.
Ambros.

Il faut s'vnir à cét interieur Diuin de IESVS-CHRIST, pour estre dans son fond reuêtu de luy-mesme. C'est ce qu'on doit rechercher par dessus tout, parce que c'est ce qu'il y a de plus excellent dans la Penitence, & que c'est le fond de toute Vertu. Il faut estre Penitent en IESVS-CHRIST, & enyuré en luy de l'Esprit de la vraye Penitence; qui aprés auoir operé en nous & sur nous tout l'effet de la Penitence exterieure, qui n'est qu'vne dépendance, vn rejetton tres-leger, & comme vn Caractere & vne expression de l'interieure, y opere en suite interieurement à proportion de la plenitude, & de l'abondance de l'Esprit.

Spiritus secundū DEVM postulat pro Sanctis. Ad Rom. 8. 27. Operatur omnia in omnibus. 1. ad Cor. 11. 6. Hæc autē omnia

L'Esprit qui est aussi bien operant dans les Saints selon les desseins de DIEV, comme il y est priant selon la doctrine de Saint Paul, nous sollicite selon son zele à nous punir, & à satisfaire à DIEV; & nous deuons obeyr à ce Diuin Ouurier des Mysteres de DIEV, comme à celuy qui assiste à ses conseils, & qui penetre dans le plus profond de ses secrets.

Comme il sçait la mesure des satisfactions qu'il desire de nous, & que nous l'ignorons, il faut nous abandonner à cét Esprit interieur, qui est vne Mer & vn Ocean de Penitence interieure & Diuine, & luy protester que nous sommes prests & abandonnez à tout ; & que nous ne refuserons aucun châtiment, ny aucun effet de sa Iustice.

operatur vnus atque idem Spiritus. Ibid. 11. Spiritus omnia scrutatur, etiam profunda D E I. *1. ad Cor. 2. 10. Quis enim cognouit sensū Domini ? aut quis consiliarius eius fuit? Ad Rom. 11. 34.*

Il faut luy protester que nous sommes soûmis en general à tous les ordres de D I E V; & que s'il y va de perdre mille fois la vie dans la Penitence, nous sommes tout prests à le faire : Que nous ne voulons point de bornes dans nos souffrances, puisque l'Esprit de IESVS-CHRIST en son zele, n'en peut auoir pour DIEV son Pere: Que pour ce sujet nous embrassons en Esprit toute l'étenduë des peines, pour porter tout ce que Dieu desirera nous en imposer, ou par luy-mesme, ou par la bouche & par l'ordre de celuy qui nous tient sa place en Terre, qui est le Directeur, en qui nous respectons sa Majesté.

C'est ainsi qu'il faut estre vny à Iesvs-Christ Penitent en la Terre : Et comme il receut les ordres de Dieu son Pere, quand il fut enuoyé & chassé au Desert pour faire Penitence ; De mesme, il faut receuoir en vnion à son Esprit & à ses dispositions, les Penitences qui nous sont imposées.

Il faut les receuoir auec aneantissement de nostre propre esprit, & de nostre propre jugement, qui pourroit les examiner, ou mesme les contredire, comme aussi de nôtre propre volonté ; pour estre abandonnez à tout faire, & pour estre fideles aussi à ne faire que ce qui nous sera dit & ordonné.

De l'Exercice de la Penitence en Esprit.

SECTION TROISIESME.

CEluy qui adhere à DIEV, n'estant qu'vn Esprit auec DIEV; il s'ensuit necessairement que l'Ame qui luy est bien vnie, entre en ses qualitez, en ses mœurs, en ses sentimens, en ses dispositions ; & par consequent dans le zele de sa Iustice, qui est continuel contre la Chair. De sorte que la juste cholere de DIEV contre la Chair de Peché estant imprimée en cette Ame, & cette Ame estant animée de l'Esprit de la Diuine Iustice, elle se trouue dans vn rebut continuel, & dans vne condamnation perpetuelle de sa Chair.

La Chair qui est toute en Peché, toute en desirs impurs enuers toutes choses, & qui ne desire rien que pour elle en son amour pro-

Qui adhæret Domino, vnus Spiritus est. 1. ad Cor. 6. 17.

pre & en sa sensualité, ne peut estre aymée de Dieu : au contraire, elle en est toûjours rebutée & condamnée. Ainsi l'Ame entrée en Dieu, en son zele & en sa Sainteté, improuue, condamne, & aneantit en soy tous les desirs injustes, qui s'éleuent sans cesse en sa Chair pour contenter tous ses Sens.

Par exemple, les yeux qui par les desirs de la Chair connoissent leur plaisir & leur satisfaction, recherchent sans cesse dans les Creatures dequoy se contenter : Il en est de mesme de tous nos Sens exterieurs & interieurs. Mais l'Esprit qui est en nous en possession de nostre Ame, voyant & sentant les inclinations & les desirs impurs de nostre Chair, qui sont les marques de sa vie, & qui témoignent la volonté qu'elle a de se satisfaire, ne manque pas de nous imprimer vn sentiment de rebut contre-elle, & de porter l'Ame à la repousser, à ne luy point adherer, à n'operer point conformément à ses desirs, & à ne la point satisfaire par la recherche & par l'vsage des choses desirées.

L'Esprit porte encore les Sens à s'en priuer & à s'en éloigner, comme estans des desirs impurs de la Chair, qui doit estre punie en son amour dereglé, & en sa conuoitise mal-heureuse, qui ne la porte qu'à la satisfaction d'elle-mesme, & non point à contenter DIEV, qui est nostre Fin vnique, à laquelle seule nous deuons tendre selon l'obligation capitale de nostre vie.

C'est là vne sollicitation perpetuelle de l'Esprit de Penitence, qui nous porte à la Mortification de nous-mesmes, & à la punition secrete des excez de nostre Chair. Lors qu'elle est exactement châtiée, en sorte qu'on ne luy laisse rien prendre qui la satisfasse inutilement, elle est mise dans des estats de Penitence tres-violens & tres-penibles, qui la reduisét jusqu'aux ebois ; & souuent a des agonies, que ceux qui sont fideles à la mortifier, & à la priuer de toute proprieté inutile, éprouuent tres-sensiblement.

Motifs & Profession de Penitence.

SECTION QVATRIESME.

EN l'honneur & en l'vnion de IESVS-CHRIST Nostre Seigneur Penitent deuant DIEV pour mes Pechez, & pour les Pechez de tout le Monde, ie fais Profession de faire Penitence tous les iours de ma vie, & de me regarder en toute chose comme vn pauure & miserable Pecheur, & Penitent tres-indigne.

Pour cela ie porteray sur moy le portrait de IESVS-CHRIST Souuerain Penitent, qui me renouuellera par só aspect interieur & par son amour, le souuenir &

les obligations de Penitence.

Ie dois amende honorable à la Iustice & à la Sainteté de DIEV le Pere; ie la dois à son amour & à sa bonté; ie la dois à tous ses Attributs Diuins.

Ie dois faire Penitence, à cause que le Fils de DIEV l'a faite pour mes Pechez, & qu'il m'a acquis la Misericorde de son Pere & la grace de la pouuoir accomplir, par le tres-Adorable & le tres-precieux tresor de son Sang en la Croix.

Ie dois faire Penitence, ayant receu par le Baptême le Saint Esprit de Penitence pour en estre animé, & pour viure en ses sentimens dans toute la conduite de ma vie.

DIEV, qui est juste, qui ne peut & ne doit perdre aucun droit sur sa Creature, ne manquera pas, ou en ce Monde par ses fleaux, ou en l'autre par ses épouuantables châtimens, d'en tirer vne entiere vengeance, & vne tres-rigoureuse satisfaction.

Pratiques de la Vertu de Penitence.

SECTION CINQVIESME.

LE Penitent en IESVS-CHRIST, & qui est reuêtu de son Esprit de Penitence, doit estre disposé interieurement comme luy, & entrer en la force & en la vertu de ses Pratiques.

Qui non nouerat peccatū, pro nobis peccatū fecit. 2. ad Cor. 5. 21. De peccato damnauit peccatum in carne. Ad Rom. 8. 3.

1. Vn Pecheur doit, comme Nôtre Seigneur, qui s'est fait Peché & Penitent pour nous, porter toûjours son Peché deuant soy: Ce qui sera le fondement des autres deuoirs qu'il doit à DIEV, en suite de ses Pechez.

Peccatū meū contra me est semper. Psal. 50. 5. Dolor meus in conspectu meo semper. Psal. 37. 18

2. Le Pecheur en suite de ses Pechez, doit porter auec Nostre Seigneur vne confusion perpetuelle sur sa face. Il la doit porter, Premierement deuant DIEV; comme IESVS-CHRIST, qui a porté deuant son Pere la honte de nos

à la vie Chrestienne.

offenses, selon ces paroles ; *La confusion à couuert ma face.*

Operuit confusio faciem meam. Psal. 68

Secondement deuant tout le Monde, comme a fait encore le Fils de DIEV, qui dit dans le Prophete ; *Ie me suis éloigné & retiré du Monde, pour demeurer dans la solitude : I'ay esté comme étranger & pelerin parmy mes Freres* ; C'est à dire, parmy les Hommes & parmy les Saints Enfans de l'Eglise. I'estois honteux de me voir au milieu d'eux, plus chargé de crimes que tous, portant sur moy l'horrible & le honteux fardeau des Pechez de tout le Monde. Ie me suis caché dans la solitude durant quelque-temps ; mais j'y ay demeuré toûjours en Esprit, comme indigne de paroître deuant le Monde, & auec les Hommes.

Ecce elongaui fugiens : & mansi in solitudine. Psal. 54. 8. Extraneus factus sũ fratribus meis, & peregrinus filijs matris meæ. Psal. 68.

Troisiémement, cette confusion doit estre encore à l'égard de nousmesmes, ne pouuans nous souffrir ny nous supporter dans nostre honte & dans nostre peine. C'est ainſi que le Fils de DIEV dit, en parlant de ſoy dans le Prophete; *l'eſtois à charge à moy-meſme*; & la contradiction que ie portois de tous ces horribles & odieux Pechez, faiſoit que j'auois peine à me ſouffrir.

Factus ſũ mihimet-ipſi grauis. Iob. 7. 20.

DIEV me faſſe la miſericorde de participer à la Sainte lumiere de IESVS-CHRIST; qui me faiſant voir l'horreur de mes Pechez, me rempliſſe de honte, & me couure la face & l'eſprit de confuſion, à l'égard du Monde & de moy-meſme, & ſur tout à l'égard de DIEV le Pere; luy diſant ſouuent auec l'Enfant Prodigue; Pere du Verbe Incarné, & que ie n'oze nommer le mien, j'ay peché contre le Ciel, contre les Anges, & contre les Saints qui viuent auec vous; mais ſur tout, j'ay peché contre vous-meſme: Et auec le Publicain, qui n'ozoit leuer les yeux au Ciel; *Ayez pitié de moy qui ſuis Pecheur.*

Pater peccaui in cælum, & coram te. Luc 15. 18.

Deus propitius eſto mihi peccatori. Luc 18. 13.

3. En ſuite de la confuſion que

le Pecheur doit porter pour ses Pechez, il doit encore en auoir la douleur & la detestation auec Nôtre Seigneur, qui a vécu en Sacrifice perpetuel de cœur contrit & angoissé pour les Pechez du monde; En l'vnion & en la vertu duquel, DIEV reçoit la Contrition de tous les Hommes; qui estans faits participans de son Esprit, pleurent, gemissent, & sont contris de leurs Pechez.

sacrificiũ Deo Spiritus contribulatus. Psal.50.19 Cor contritum & humiliatum Deus non despicies. Psal.50.19

Pere Eternel, par la Contrition amere, & par l'Abîme des douleurs interieures de vostre Fils, donnez-moy part au Diuin Esprit de sa Sainte & douloureuse Penitence!

Magna est velut mare cõtritio tua. Thren. 2. 13.

4. Le Penitent en suite de tant de Crimes, doit aprés sa confusion & sa condamnation, se soûmettre à demeurer sujet tous les momens de sa Vie, à la Iustice eternelle, infinie, & toute-puissante de DIEV, pour porter tels effets de vengeance, & tels châtimens qu'il luy plaira luy imposer.

Il doit pour cét effet viure toûjours vni en Esprit à Iesvs Christ, viuant & mourant en la Croix en châtiment de nos offenses; dont la valeur & l'estime nous estans communiquées, peuuent abbreuuer nos peines & sanctifier nos trauaux, toûjours tres-legers, tres-petits & tres-inégaux à nos offenses, par le merite adorable du Fils de Dieu, qui les rendra acceptables deuant la Iustice de son Pere.

Il est mort pour nos offenses, dit Saint Paul. *Estant juste, il a souffert pour les injustes*; afin de nous presenter à Dieu son Pere Penitens, Mortifiez & Crucifiez en nostre Chair par vn veritable Esprit de Penitence, viuifiant nos cœurs du desir de vanger nos crimes sur nous-mesmes, dans le zele de sa Diuine Iustice.

L'étenduë des satisfactions immenses que Iesvs-Christ Nôtre Seigneur a renduës à son Pere en l'Arbre de la Croix, & les peines exterieures

Traditus est propter delicta nostra, & resurrexit propter iustificationem nostram. Ad Rom. 4. 25. Iustus pro iniustis. 1. Pet. 3. 18.

à la vie Chrestienne.

exterieures qu'il a souffertes, se peuuent reduire à trois; qui répondent aux trois grands Pechez qui absorbent le Monde; l'Auarice, la Superbe, & le Plaisir; & qui sont pour détruire ses trois ennemis capitaux; le Monde, le Diable, & la Chair. Il a souffert pour cela vne extréme Pauureté, vne extréme Confusion, & d'extrémes Douleurs & Souffrances en son Corps.

L'Escriture Sainte en fait mention expresse en plusieurs endroits. En parlant de sa Pauureté, qui paroît dauantage en sa Croix où il est nud & dépoüillé de tout, elle dit; *Qu'estant riche, il s'est appauury pour nous.* Il parle luy-mesme de sa honte & de sa Confusion: *Ie suis,* dit-il, *vn Ver de terre, l'opprobre des Hommes, & le rebut du Peuple.* Et pour sa Diuine Souffrance, le Prophete dit; *Qu'il n'y a pas vne partie de son Corps qui ne soit dans la douleur.*

Mais tous ces maux estoient peu

Propter vos egenus factus est, cum esset diues.
2. ad Cor. 8. 9.
Ego sum vermis, & non homo: opprobrium hominũ, & abiectio plebis.
Psal. 21. 7.
A planta pedis vsque ad verticem non est in eo sanitas.
Isa. 1. 6.

de chose en comparaison des peines de son Esprit, & des delaissemens interieurs de son Ame, dont il se plaint vniquement sur la Croix : *Mon Dieu, mon Dieu, pourquoy m'auez-vous delaissé ?* Et le Prophete parlant de ce coup atroce de son affliction, dit ; Qu'il l'a veu non seulement comme vn Lepreux, distillant le pus & l'apostume de toutes parts, mais encore qu'il l'a veu en esprit, souffrant en son Ame le coup de la vengeance de Dieu animé contre luy, à cause des Crimes de tous les Hommes, qui s'attaquoient à sa Grandeur, dont il estoit chargé.

Les opprobres & les rebuts, les accablemens & les peines que meritoient tous les Pechez qui s'attaquoient à vous, ô mon Dieu, sont tombez sur mon Ame, & m'ont causé la Mort. Ils m'ont fait mourir dans cét accablement effroyable, qui me faisoit sentir & porter vn éloignement immense

Deus meus, Deus meus, vt quid dereliquisti me? Mat. 27. 46.
Nos putauimus eum quasi leprosum, percussum à Deo & humiliatum. Isa. 53. 4.

Opprobria exprobrantium tibi, ceciderũt super me. Psal. 68. 10.

de mon retour vers vous, & de mon entière Consommation.

C'est là le point énorme & effroyable des douleurs de IESVS, infiniment aymant & amoureux de DIEV son Pere. Il ne respire que son amour & les témoignages de sa grace, & il s'en voit rebuté par vn excez terrible & effroyable de sa colere & de sa fureur.

C'est dans la preuoyance de cette douleur épouuantable, qu'il disoit à son Pere: *Que ce point de ma Passion ne se passe pas sur moy*: Et plusieurs fois en son Prophete; *Mon* DIEV, *ne me corrigez pas en vostre fureur*: Que j'endure ce qu'il vous plaira, mais que ce ne soit point cét effet horrible de vos coleres, en comparaison desquelles toutes les souffrances corporelles ne me semblent rien, & ne sont point capables de me rassasier. *Sitio*; l'ay encore soif des peines exterieures ; Donnez-moy pour cela de souffrir aprés ma Mort dans

Longe à salute mea verba delictorum meorum. Psal. 21.2.

Transeat à me calix iste. Mat. 26. 39.

Domine, ne in furore tuo arguas me. Psal. 37. 2.

mon Eglise, & que mes Membres s'abbreuuent à mon Calice, afin qu'ils fassent Penitence auec moy, & que ie la fasse en eux.

C'est, mon DIEV & mon Pere, ce que j'ose vous demander par ces propres paroles de IESVS-CHRIST mourant; & desirant encore de souffrir en nous pour dilater ses peines, pour prolonger sa Penitence, & pour vous faire ainsi vne amande honorable, & vne satisfaction continuelle au milieu de vôtre Eglise.

Pour cela, ô grand DIEV, prosterné à vos pieds, ie me soûmets à toute vostre Iustice, & à l'étenduë des peines & des vengeances qu'elle voudra tirer de moy. Et en attendant qu'il vous plaise de me donner quelque Penitence, j'accepteray toutes celles que vous me ferez l'honneur de m'imposer par vostre Eglise, & par les personnes qui ont droit en vostre nom de m'humilier, & de m'assujettir aux

à la vie Chrestienne. 173
rigueurs de la Penitence; Et tout cela, en l'vnion de vostre cher Fils, l'vnique & l'vniuersel Penitent de l'Eglise.

En suite dequoy, ô mon Seigneur IESVS, qui viuez en moy par vôtre Esprit, pour acheuer de souffrir l'étenduë des peines & de la Penitence, que vous estiez disposé de porter durant vostre Vie pour la gloire de vostre Pere, si tel auoit esté son bon plaisir; faites-moy cette grace, qu'vsant de la puissance de vostre Esprit en moy, ie vive en toutes mes actions animé des dispositions d'vne vraye Penitence; & que iamais ie ne me sepáre de la veuë de mes Pechez, que ie ne puis auoir qu'en la lumiere de vostre Sagesse, qui comme vn Miroir tres-parfait & sans tache, fait voir aux Pecheurs les taches de leurs Ames.

Faites aussi, mon Seigneur & mon DIEV, qu'étant remply de confusion pour l'énormité de mes

H iij

offenses, ie ne paroisse iamais deuant la Majesté de vostre Pere, soit à ses Saints Autels, soit en l'Oraison; en la Chaire, ou au Confessional; soit dans les autres Saints Exercices, qu'auec honte de ma laideur & de ma deformité.

Faites encore que ie ne paroisse qu'auec côfusion, parmy les Saints Prestres & parmy les Chrestiens mes Maîtres; me reputant indigne de conuerser parmy eux, & me tenant en esprit à leurs pieds, ou mesme separé d'eux.

Que de mesme en soit-il pour toûjours à mon égard, & que ie demeure continuellement confus, & aneanty en moy-mesme, n'osant penser à moy qu'auec horreur & tremblement; me regardant comme estant moins qu'vn Ver de terre, & plus vil que la Balieure du Monde; me reputant indigne du boire, du manger, & de tous les autres soûtiens & secours de la vie, & indigne de la vie mesmes, prenant ainſi à regret tout ce qui ſera neceſſaire pour me la conſeruer.

Mon Seigneur adorable, par les larmes que vous auez jettées ſur Hieruſalem ; c'eſt à dire, ſur tous les Pechez de l'Egliſe ; & par celles que vous auez verſées ſur le Caluaire ; par la Sainte Contrition que vous auez euë continuellement pour mes Pechez, ſur leſquels vous auez pleuré, comme ſur le Lazare, auec fremiſſement, en témoignage de l'émotion que leur extremité cauſoit en voſtre Eſprit ; Ie vous demande la grace que ie les pleure tous les iours de ma vie, & que ie viue dans l'amertume & dans la douleur de les auoir commis.

Que ie viue en horreur de tout moy-meſme, & de tous les Sentimens Pecheurs qui s'éleuent en moy ; contrediſant & crucifiant toutes mes inclinations naturelles, tous mes Sens interieurs & ex-

H iiij

terieurs, & toutes les passions déreglées de mon Ame.

Enfin, mon DIEV, par ce haut cry que la puissance & la ferueur de vostre Esprit Penitent vous a fait jetter en la Croix, pour abandonner vostre Ame à la vengeance de vostre Pere, & à cét horrible Iugement que vous deuiez porter de sa part sur vous-mesme; ie vous demande de pouuoir viure comme vous, abandonné à la rigueur du Iugement & de la Iustice de vostre Pere sur mes Pechez : l'accepte dés-à-present tout l'estat crucifiant, qu'il vous plaira d'ordonner sur moy dans la vie presente.

Premierement, en l'vnion & en l'honneur de vostre Pauureté, nudité & abandon des Creatures en l'Arbre de la Croix ; je m'abandonne à toute la Pauureté où ie pourray iamais estre reduit, soit par quelque ordre exprés de la Prouidence Diuine & de sa Sainte Iustice, soit par le delaissement, l'abandon ou la persecution des Creatures.

Secondement, en l'honneur & en l'vnion de vos Mépris, Injures & Confusions souffertes sur le Diuin Caluaire ; je m'abandonne à toutes les Calomnies, Derisions, Hontes & Ignominies, qui me pourront iamais arriuer pour mes Pechez.

Troisiémement, ie m'abandonne de mesme pour les Souffrances, Maladies, Infirmitez, Agonies ; & enfin pour la Mort mesmes, le dernier supplice du Peché ; en l'honneur & en l'vnion des douleurs qui vous ont merité ce beau nom, d'*Homme de Souffrances*. *Virum dolorum. Isa. 53. 3.*

Et en l'honneur & vnion de vôtre genre de Mort & de supplice tres-ignominieux ; j'accepte les Tourmens, les Gibets & les Rouës ; les Foüets, les Fers & les Tortures ; & tel genre de Mort qu'il vous plaira de me faire endurer, pour la punition de mes Pechez.

H v

Enfin, en l'honneur & en l'vnion de vos Delaissemens interieurs, & de vos Peines d'Esprit; ie m'abandonne à vostre Pere, pour porter toutes celles dont sa Sainteté & sa Iustice me voudront honorer, gemissant à present pour le mauuais vsage que j'ay fait autrefois de ses Saintes visites. O si j'estois maintenant admis à les offrir en satisfaction de mes Crimes, que ie me tiendrois heureux de vous les presenter, pour l'amour & pour la gloire de vostre Pere!

Et pour ce qui est de la vieille Creature qui vit en moy, que ie connois estre toute en Peché, & que ie sçay auoir esté attachée à la Croix auec IESVS-CHRIST nôtre Chef, sous son exterieur de Peché; Ie promets à DIEV en vôtre veuë, ô mon IESVS, de tenir tous ses Membres Crucifiez & garrotez en la Croix, ne leurs laissant aucune liberté d'operer en leur malice, & trauaillant au contraire

Vetus homo noster simul crucifixus est. Ad Rom. 6. 6.

à la vie Chrestienne. 179

pour aneantir leurs operations, lors qu'elles se presenteront; afin que l'Esprit seul les viuifie & les remplisse, pour operer par eux en Saincteté.

Nos Membres ne sont plus à Adam, mais à IESVS-CHRIST, qui est venu les consacrer & les sanctifier par la presence de son Esprit, pour les mouuoir & les diriger à la gloire de DIEV. *Nous sommes transferez de la Mort à la Vie*, dit Saint Iean. *Nous ne sommes plus à nous*, dit Saint Paul; *Car nous auons esté rachetez d'vn Sang Precieux; afin que ceux qui viuent, ne viuent plus à eux; mais à celuy qui est Mort, & qui est Resuscité pour eux.*

Translati sumus de morte ad vitam. 1. Ioa. 3. 14.
Non estis vestri? Empti enim estis pretio magno. 1. ad Cor. 6. 19. & 20.
Vt & qui viuunt, iam non sibi viuāt, sed ei, qui pro ipsis mortuus est, & resurrexit. 2. ad Cor. 5. 15.

Des Fruits & des Effets de la vraye Penitence.

SECTION SIXIESME.

LEs premieres operations que le Saint Esprit produit en

H vj

nous, en suite des Vertus Theologales, sont celles de Religion enuers DIEV, & de Penitence enuers nous-mesmes. Car aprés nous auoir fait connoître & aymer DIEV par la Foy, par l'Esperance, & par la Charité, son premier effet est de nous appliquer aux deuoirs de respect & de soûmission enuers sa Diuine Majesté, ce qui s'appelle Religion ; & aux sentimens d'horreur, d'auersion, de condamnation, & de destruction du Peché, de nostre Chair, & de nous-mesmes ; ce qui s'appelle Penitence.

La premiere operation de l'Esprit enuers nous, quand il y habite en plenitude, qu'il est Roy de nostre Ame, qu'il l'a separée d'elle-mesme & de ses interests, qu'il l'a tirée à son party, qu'il l'a conuertie & renduë vne simple chose auec luy, est de l'établir en son zele, en sa haine, & en son horreur contre la Chair, & contre elle-mes-

à la vie Chrestienne.

me entant que forme & amie de la Chair. Si bien que le Saint Esprit est le Pere de la Penitence; & autant que l'Ame est en luy, autant elle est en Penitence: Car elle entre autant en zele contre elle-mesme, qu'elle est passée en la nature de l'Esprit.

Alors on voit vn DIEV vainqueur en nous, mais vrayment vainqueur de l'amour propre & de nous-mesmes, qui met l'Ame dans la veritable Extase, la tirant hors d'elle-mesme par sa Diuine vertu, pour la faire entrer en luy & en ses interests; & se l'approprier tellement, que passant en DIEV, elle oublie ce qu'elle est & ce qu'elle voudroit, si elle estoit encore à elle-mesme. De sorte que l'Ame s'oubliant totalement & tous ses interests, abandonnant tous ses premiers sentimens, se perdant en l'Amour de son DIEV, & passant en luy contre elle-mesme, deuient vne mesme chose & vn mesme Esprit auec luy.

Qui adhæret Domino, vnus Spiritus est. I. ad Cor. 6. 17.

L'Ame ainsi appropriée à DIEV, deuient Espouse de DIEV, & separée entierement de sa premiere alliance auec la Chair. Elle estoit auparauant vne mesme chose auec la Chair qu'elle viuifioit ; Elle en aymoit les interests ; Elle en suiuoit les sentimens & les desirs : Mais maintenant separée d'elle entierement, elle est en son intime Amour, tendante à DIEV ; Elle entre dans les interests de DIEV, dans ses inclinations, dans ses sentimens, & dans sa Vie ; Et elle n'est plus que haine, qu'opposition, & qu'auersion contre la Chair.

Caro cō-cupiscit aduersus spiritum : Spiritus aduersus carnem : Hæc enim sibi inuicem aduersantur. Ad Gal. 5. 17.

L'Ame amie de la Chair, conuoite auec elle contre l'Esprit : Ainsi elle est opposée à DIEV, & porte tous ses desirs vers les Creatures, & vers tout ce qui fait la satisfaction & la consolation de la Chair ; ce qui est vne chose pitoyable. Car de vouloir obliger l'Esprit à entrer en nostre party, c'est vn signe qu'il est tres-foible en nous, &

à la vie Chrestienne. 183

que la Chair l'a vaincu ; puis qu'elle le fait entrer en compassion de sa delicatesse. C'est pour lors vn DIEV Emmaillotè ; C'est vn DIEV Enfant & infirme ; C'est vn DIEV en Foiblesse ; Et pour lors on voit la Chair en son Triomphe & en sa Domination.

Cela sans doute est plus injurieux au Saint Esprit, que s'il n'étoit pas en nous. Car s'il en estoit absent, il ne souffriroit pas cét affront. Son ennemy à la verité triompheroit ; mais ce seroit sans combat & sans deffense : La Chair triompheroit d'elle seule au défaut de resistance.

Mais auoir vn DIEV present, & triompher de luy ; le fouler aux pieds, & ne luy permettre pas qu'il surmonte son Esclaue ; au contraire, luy tenir le pied sur la gorge ; c'est vne chose effroyable : Et c'est ce que Saint Paul appelle ; *Contrister le Saint Esprit : & faire vn estrange affront à l'Esprit de la Grace.*

Contristare Spiritû Sanctum DEI. Ad Ephes. 4. 30. Spiritui gratiæ contumeliam fecerit. Ad Hebr. 10. 29.

L'Ame au contraire, amie & Espouse de DIEV, cherche les interests de DIEV, & ne desire que de se perdre entierement en luy. De sorte qu'entrant en la Nature de la Diuinité, elle deuient ennemie & vengeresse d'elle mesme, par la participation de ce feu Diuin, qui fait en elle les mesmes effets que celuy de la fournaise de Babylone, qui deuoroit les boureaux qui luy donnoient la vie: La flamme se jettoit sur eux, & ils n'auoient point de plus cruels ennemis, que ces mesmes flammes qu'ils auoient allumées.

L'Ame qui est en DIEV, est en rebut & en condamnation continuelle de la Chair. Elle sort de DIEV comme vn Tison ardent: Et comme le Tison estant passé dans la nature du feu, brûle ce que le feu mesme brûleroit: De mesme l'Ame passée en DIEV, qui est vn feu consommant, deuorant, & détruisant le Peché, deuient ar-

à la vie Chreſtienne.

dente, zelée & enflammée contre la Chair & contre le Peché qui habite en elle.

Ainſi ſelon la meſure de la haine de ſoy-meſme, du rebut de la Chair & de l'horreur du Peché, on doit juger combien l'Eſprit de Dieu eſt étably & puiſſant dans vne Ame. Car il eſt vray qu'il eſt autant Maître en nous, que la Chair luy eſt ſoûmiſe; & que l'Ame eſt autant paſſée dans la Nature de Dieu, qu'elle a de haine contre elle-meſme.

Heureuſe l'Extaſe qui met l'Ame en cét eſtat permanent de ſortie d'elle-meſme; qui la met en oubly & en perte de tout ſon intereſt & de tout ce qu'elle eſt; qui la tient dans vne telle Mort à elle-meſme, dans vn tel tranſport, & dans vne telle conſommation en Dieu, qu'elle ſe ruïne & ſe détruit ſans le reſſentir; ou ſi elle le reſſent, qui ne laiſſe pas de s'aneantir entierement!

Heureuſe l'Ame, qui animée de la Vie & du zele de DIEV, n'a plus rien d'elle-meſme, ny penſée, ny eſtime, ny volonté, ny inclination, ny mouuement, & qui eſt toûjours en DIEV ſans en ſortir.

Que cette Extaſe eſt differente de ces Extaſes paſſageres, qui tráſportent les Ames en DIEV par vn rauiſſement de joye & de conſolation; d'où eſtant reuenuës, elles laiſſent leur Chair en ſon entier, dans le deſir d'eſtre cherchée, flatée & careſſée; En ſorte qu'elles retournent ayſément à leur amour propre & aux deſirs de leurs intereſts, & ne retiennent ſouuent rien de ce que DIEV deſire ſouurainement, qui eſt d'aneantir la Creature en ſa recherche propre, & dans tout le poids qui la porte à ſa propre ſatisfaction, & à la plenitude d'elle-meſme.

Chapitre VIII.

De la Mortification.

C'Est vne verité tres-certaine, que depuis le Peché, tout Adam a esté maudit; c'est à dire, Adam en toute sa race: En sorte que tout ce qui est de luy en nous, est reprouué de Dieu; & sa Sainteté, comme nous verrons, ne le sçauroit souffrir.

Dieu le condamne non seulement en sa Chair, mais encore en ses œuures. C'est pourquoy les œuures mesme de la Chair, sont appellées, Chair par Saint Iean: *Ce qui est né de la Chair, est Chair.* Or la Chair ne profite de rien: Et Saint Paul mesmes l'appelle, Mort & Chair de Peché, parce qu'elle nous porte au Peché: Elle est toute pleine des desirs du Peché: Elle n'a en soy inclination & mouuement qu'au Peché.

Quod natum est ex carne, caro est. Ioa. 3. 6.
Caro non prodest quidqua. Ioa. 6. 64.
Prudentia carnis, mors est. Ad Rom. 8. 6.
Quis me liberabit de corpore mortis huius. Ad Rom. 7. 24.

In similitudinem carnis peccati. Ad Rom. 8. 3.

Si la Chair en Noſtre Seigneur qui n'eſtoit qu'en reſſemblance de Peché, parce qu'il n'en auoit pris que la figure & l'image, eſt neanmoins appellée par Saint Paul, Peché & Malediction : Combien plus doit-elle eſtre ainſi appellée en nous, qui en auons la malice, le déreglement & les deſordres ?

D'icy il eſt ayſé à voir, que tout ce qui ſe fait par principe de Chair, par ſon mouuement, par ſes inclinations, par ſes deſirs, par ſon impreſſion, & par ſon impetuoſité, ne ſert de rien pour la Vie Eternelle ; mais qu'au contraire, il eſt reprouué de DIEV inceſſamment : & que ſelon ce fond corrompu, & cette portion maligne de nous-mêmes, nous ſommes en auerſion à DIEV, auec tout ce que ce principe opere en nous.

C'eſt ce qui nous doit donner vne étrange confuſion, & qui nous deuroit toûjours faire porter la face contre terre chargée de honte, de

à la vie Chrestienne.

nous voir ainsi reprouuez de Dieu selon vne partie de nous, & selon cette malignité fonciere & ce fond maudit qui est en nous.

Car les œuures qui se font en nous par le seul mouuement & instinct de la Chair, ou mesme par sa prudence, ne sont que des œuures de Mort; & elles sont regardées de Dieu comme procedantes de la malignité du Demon, qui a corrompu nostre Chair, & qui luy a laissé ses inclinations malignes, qui la portent à s'éloigner de Dieu, à se mettre en sa place, & à se rechercher elle-mesme en toutes choses comme sa fin derniere. *Prudentis carnis, mors est. Ad Rom. 8. 6.*

C'est là le fond & l'origine de nostre malignité secrete & cachée, de ne chercher incessamment en toutes nos actions que nostre interest, nostre plaisir, nostre honneur, & iamais autre chose, iamais Dieu, iamais sa volonté, iamais son bon plaisir. La Chair ne peut iamais rechercher Dieu: Car comme remarque Saint Paul ; *Elle n'est iamais soûmise à la Loy de* DIEV, *& mesme elle ne le peut estre.*

Legi enim DEI non est subiecta: nec enim potest. Ad Rom. 8. 7.

C'est pourquoy Nostre Seigneur venant au Monde pour instruire l'Homme de son mal-heur, & de la necessité qu'il auoit d'estre secouru d'vn principe interieur, qui le fit viure Diuinement ; & faisant entendre au peuple le besoin qu'il auoit d'vn autre Esprit que de celuy de la Chair ; à sçauoir, d'vn Esprit Saint, qui l'appliquât à DIEV, & l'éleuât au dessus de la Terre ; il luy dit : *C'est l'Esprit qui Viuifie.* C'est le Saint Esprit qui nous donne la veritable Vie ; c'est luy qui sanctifie toutes nos œuures ; c'est luy qui nous fait agir en tout comme de vrais Enfans de DIEV.

Spiritus est qui viuificat. Ioa. 6. 6.

Les vrais Enfans de DIEV sont differens de ceux d'Adam, en ce qu'ils sont dirigez par le Saint Esprit ; Ils sont conduits par la Sainte lumiere de la Foy ; Ils reçoiuent la vertu d'agir pour DIEV au dessus

Quicumque enim Spiritu DEI aguntur, ij sunt filii DEI. Ad Rom. 8. 14.

d'eux-mesmes. Cecy estant presupposé, nous pouuons remarquer plusieurs Motifs qui nous obligent à nous mortifier.

Premier Motif de la Mortification.

SECTION PREMIERE.

LE Chrestien ne doit point viure selon la Chair, mais selon l'Esprit; parce que dans le Baptême il a receu le Saint Esprit, qui est venu en luy pour estre le principe de ses œuures, & pour oster la liberté à la Chair de le conduire. C'est ce qui nous oblige à la reprimer & à la mortifier toutes les fois qu'elle veut agir, afin que le Saint Esprit puisse faire en nous ce qu'il veut, & nous porter à ce qu'il desire.

Et quoy qu'il nous porte quelquefois aux mesmes choses que la Chair de son costé peut desirer; comme à boire, à manger, à dor-

Debitores sumus, non carni, vt secundū carnem viuamus. Ad Rom. 8. 12.

mir, à conuerser ; cela neanmoins ne se doit point faire dans les Motifs d'impureté, dans les fins malheureuses de la Chair, ny par vn principe maudit d'amour propre ; mais par vn principe Diuin, par vn principe de Sainteté, qui nous éleuant à Dieu, nous separe de nous mesmes & de ses Creatures.

Or voicy la marque pour connoître la difference qu'il y a entre les œuures où nous nous portons par le principe de la Chair, & celles où nous nous portons par le principe de l'Esprit. C'est que celles que l'on fait par principe de la Chair, on s'y porte par precipitation, auec vehemence, pour son plaisir, & sans auoir dans l'Esprit aucune veuë de Dieu qui nous attire : Mais quand l'Esprit nous y porte, il nous monstre interieurement quelque Motif Diuin ; & nous y allons pour Dieu, pour luy plaire, & pour nous rendre capables de le seruir. Nous regardons

Dieu

DIEV plus que l'œuure que nous faisons, & plus que la Creature dont nous auons besoin.

Enfin, l'Esprit se fait sentir par son éleuation à DIEV, par sa douceur, par sa paix, & par le doux mouuement dont il nous porte aux choses, en nous en separant & nous en tenant détachez, en nous éleuant à luy, & en possedant nos volontez pour les porter entre ses mains à tout ce qu'il desire de nous.

Et c'est là proprement ce qu'on appelle estre Spirituel, & viure en Esprit en toutes choses; lors que le Saint Esprit est en nous le principe de tout, qu'il est le possesseur de tout nous-mesmes, qu'il nous tient entre ses bras, & qu'il nous porte à tout ce qui luy plaist. Et quoy que cela se fasse plus sensiblement dans les vns que dans les autres, il se fait neanmoins reellement en tous ceux qui se veulent mortifier, & qui renoncent à leur Chair & à

I

eux-mesmes en tout ce qu'ils font.

Quand nous faisons place à l'Esprit, & que nous luy laissons la liberté d'agir & d'vser de nous, il ne manque iamais d'agir en nous, & de nous conduire : Il ne manque iamais de posseder nos puissances, pour les éleuer aux œuures que Dieu desire de nous; parce qu'il n'est & qu'il n'habite en nous, que pour operer par nous à la gloire de Dieu : Il n'est en nous que pour nous viuifier, & pour estre le principe de nostre nouuelle vie, & de la Vie Diuine, dont nous deuons viure.

En effet, depuis le Baptême, où nous auons receu l'Esprit d'Enfans de Dieu, nous deuons viure selon Dieu, & de la Vie mesme de Dieu. Car l'Enfant doit viure de la vie de son Pere : Il descend de luy comme vn second viuant, & doit continuer, dilater & prouigner sa mesme vie : En vn mot, il doit auoir vn mesme principe de vie auec son

Pere. Or la Vie de DIEV en DIEV est DIEV mesme, & luy-mesme est le Principe de sa Vie. Ainsi la Vie de DIEV en nous est DIEV mesme, & il est le principe de nôtre vie, qui nous anime, qui nous meut, & qui nous fortifie.

Les Baptisez sont en cela differens des Payens; qu'ils ont receu l'Esprit de DIEV, qui est DIEV mesme, qui habite en eux, pour leur seruir, comme nous venons de dire, d'vn nouueau principe de vie & de conduite : Mais les Payens & tous les Enfans d'Adam ont la Chair & l'Esprit malin pour leur conduite; Ils viuent selon ses sentimens, selon ses mouuemens, & selon sa vie. Et cela mesme se trouue dans les Chrestiens qui sont en Peché Mortel : Car ayans renoncé à l'Esprit Diuin, auec lequel ils n'estoient qu'vn auparauant ; & s'en estans separez pour s'vnir & adherer au Malin par le Peché Mortel, ils deuiennent par là

I ij

vne mesme chose auec luy.

Le Demon a vn grand pouuoir sur la Chair: Ce qui nous oblige à veiller, pour estre fideles à luy renoncer courageusement. Il la pousse, il la meut, il l'anime comme il luy plaist: Car elle n'est point encore regenerée ny sanctifiée, comme l'esprit l'a esté par le Baptême.

En cette vie nostre renaissance n'est point parfaite, nostre regeneration est partagée, & elle ne sera totale & entiere qu'au iour du Iugement & de la regeneration vniuerselle. Car pour lors nos Corps seront renouuellez, ils seront conuertis, & changeront leurs inclinations malignes de la Chair, en celles de l'Esprit: Ce que la grace du Baptême n'opere point en cette vie.

Par le Baptême l'esprit de l'Homme est regeneré, en sorte qu'il reçoit des inclinations nouuelles: Il reçoit les inclinations de IESVS-

CHRIST au lieu de celles d'Adam, dont il estoit remply par le commerce auec la Chair maudite, décenduë d'Adam, & qui porte auec elle les inclinations de son Pere.

L'Ame n'est point originaire d'Adam, mais de DIEV, qui l'a tirée de son sein, & qui l'a mise dans le Corps humain sorty d'Adam. C'est pourquoy il l'a considere comme sa Fille, & prend le soin de la purifier, de la lauer, de la separer, de la Sanctifier par la grace de son Fils, par l'aspersion de son Sang, & par la presence de son Esprit, qui la separe & la retire des soüilleures qu'elle auoit contractées par cette alliance.

Or quoy que l'Ame soit ainsi purifiée & regenerée, le Corps veritable fils d'Adam, conserue toûjours ses mœurs & ses inclinations. Il demeure tout entier en ses premiers & maudits sentimens, & y demeurera jusqu'au jour de la regeneration vniuerselle, qui est le iour du Iugement, où les Corps seront reformez par IESVS-CHRIST nostre Pere, qui leur donnera ses inclinations, & les fera participans de sa Redemption.

Ipsi intra nos gemimus, adoptionem filiorum DEI expectantes, redemptionem corporis nostri. Ad Rom. 8. 23.

Nous soûpirons au dedans de nous, dit Saint Paul, parce que nous ressentons à toute heure les mouuemens de la Chair, & la vie de nostre mal-heureux Pere Adam. Nous soûpirons de ce qu'estans déja Enfans de DIEV dans l'esprit, nous ne le sommes pas encore dans nos Corps; De ce que nostre Chair n'a point encore receu les inclinations de nostre Pere; & de ce qu'elle n'est point participante de celles que nostre esprit possede.

Initium aliquod creaturæ eius. Iac. 1. 18.

Nous gemissons de ce que nous ne sommes Enfans qu'à demy, & de ce que nos Corps ne sont point encore adoptez. Car ils n'ont point receu la grace d'adoption en ses effets, & sont laissez sans jouyr icy comme nostre Ame, des priui-

leges de la Redemption de IESVS-
CHRIST.

Helas, quel poids il faut que nôtre esprit entraîne! Quel peril nôtre Corps ne nous fait-il point encourir! Il est si éloigné de DIEV, si pesant, & si penchant à sa ruïne, qu'il emporte aisément & l'Ame & l'esprit, s'ils ne renoncent à toute heure à ses inclinations maudites.

L'Ame est obligée de seruir & d'animer la Chair, & cependant c'est la Chair qui l'appesantit; & qui en l'appesantissant, deprime l'esprit cette portion superieure & éminente de l'Ame, qui est éleuée par le Saint Esprit à la participation de ses Diuines lumieres.

Si donc nôtre esprit ne tient ferme continuellement pour le Saint Esprit; s'il n'y adhere; s'il ne s'éleue à luy incessamment; s'il ne se donne & ne s'abandonne à toute heure à sa puissance, en se separant & s'éloignant de l'Ame infectée par la Chair & par ses mouuemens, & attirée par elle à la Terre & aux Creatures: Si, dis-je, l'esprit de l'Homme n'est fidele à ces Pratiques, il deuient Chair en se laissant absorber par la Chair, & adherant à ses sentimens; de mesme qu'il estoit esprit auparauant lors qu'il adheroit au Saint Esprit, & qu'il luy estoit vny par amour & par affection.

C'est là l'estat de l'Homme en cette vie, qui le met dans l'obligation de renoncer incessamment à soy, de resister à sa Chair, de se jetter du costé de l'Esprit, de craindre toûjours la recherche que le Corps fait de sa satisfaction. Si bien que la voye vnique, asseurée & certaine que nous deuons suiure, est de retrancher par ce renoncement à la Chair, tout ce qu'elle desire, & d'adherer à l'Esprit pour n'estre qu'vn auec luy. Car alors s'accomplit ce que dit l'Apostre:

Qui adhæret Do- *Que celuy qui adhere à* DIEV, de-

à la vie Chrestienne. 201
nient vn mesme Esprit auec luy.

Donnons-nous donc tout à cét Esprit, renonçans à tout ce qui n'est point luy. Diuin Esprit, emportez-nous! Eleuez-nous à tout ce qui vous plaist! Que rien ne nous retienne en ce Monde! Que rien ne nous y attache! Que rien ne nous occupe sur la Terre! Possedez tout seul nostre cœur, nos affections & tout ce que nous sommes.

Voilà la Premiere obligation que nous auons de nous mortifier: Nous sommes Chrestiens, & nous sommes obligez de viure selon l'Esprit, qui nous a esté donné dans le Baptême, & qui nous fait adherer à Dieu pour ne plus viure selon la Chair.

Quoy que cette Pratique nous mette dans la priuation de toutes choses creées, nous ne perdons rien neanmoins par ce saint exercice. Car cette admirable vnion de Dieu à nous, & de nous à

mino, vnus spiritus est.
I. ad Cor.
6. 17.

I v

Dieu, fait que noſtre Ame trouue en Dieu, qui poſſede en ſoy les veritables biens, des attraits ſi charmans, qu'elle neglige ſans peine toute la Creature, que la Chair luy propoſe de ſon coſté.

Elle trouue en Dieu les veritables biens, dont les autres biens ne ſont que l'apparence. Dieu les luy auoit donnez comme des images, des figures, & des reſſemblances de ce qu'il eſt. Or ſi elle prend ces figures pour la verité, elle eſt dans le menſonge : Mais ſi elle eſt juge équitable de ces biens, & qu'elle en ait vne vraye connoiſſance, elle y renoncera cent mille fois le iour.

Elle reconnoîtra que ſon grand & vnique Bien eſt Dieu, qui veut eſtre poſſedé maintenant en luy-meſme, & non pas en ſes Creatures comme il faiſoit autrefois, lors que ſous elles il ſe donnoit à l'Ame, & qu'il ſe faiſoit connoître & aymer ſous tous les titres &

qualitez, sous lesquels il s'y representoit.

Il se presentoit à ce dessein, comme Lumiere sous le Soleil, comme Chaleur sous le Feu, comme Fermeté sous la Terre, comme Beauté sous les Fleurs: mais c'étoit toûjours tres-imparfaitemét; parce que c'estoit sous des Creatures grossieres, corruptibles & passageres. Mais maintenant il ne se veut plus donner à posseder que dans luy-mesme par Esprit: Il veut se faire immediatement posseder par l'Ame, à laquelle il se donne purement.

Il veut donc que l'Ame & l'esprit demeurent interieurement vnis à luy; en sorte qu'il les possedé, qu'il les anime, qu'il les conduise; & qu'il les éleue tellement de la Terre & de la Chair, qu'ils n'aymẽt plus, qu'ils ne respirét plus,& qu'ils ne desirent plus que sa totale possession, & leur entiere consommation en luy. C'est ce qui fait que

I. vj.

nous viuons en separation & en auersion de la Chair, & que nous la mortifions parfaitement & vniuersellement.

Or il est à remarquer que cette Mortification doit estre non seulement vniuerselle, mais encore continuelle. Car la moindre obmission de Mortification fait adherer l'Ame à la Chair; & fait que petit à petit nostre esprit deuient Chair, & que nous l'arrachons à DIEV pour le liurer à la Creature.

L'Esprit est d'autant plus foible en DIEV, qu'il s'arreste dauantage à la Creature : Car alors il n'est plus si fortement secouru de DIEV. Et dans cette foiblesse, il est d'autant plus pesant, plus courbé & panché vers la Terre, qu'il est delaissé du grand secours de DIEV, auquel il adheroit auparauant, & qui le soûtenoit : Ainsi il tombe petit à petit dans sa ruïne, pour n'auoir pas mortifié continuellement sa Chair. *Si vous viuez selon*

Si secundùm carla Chair, dit Saint Paul, *vous mourrez : mais si au contraire vous mortifiez vostre Chair par l'Esprit, vous viurez.*

nem vixeritis; moriemini: Si autem Spiritu facta carnis mortificaueritis, viuetis.
Ad Rom. 8. 13.

Or cette Mortification est facile, quand on est dans l'Esprit de la Grace, & qu'on est bien possedé de DIEV. Car le Saint Esprit qui est en nous, recueille & retire nostre Ame; il retient l'esprit, & l'empéche d'adherer & de se porter à la Creature.

Dans ce temps de l'vnion à DIEV, la plus parfaite & la plus pure, il faut bien se donner de garde des premieres atteintes des Creatures. Si-tost que l'on sent quelques attraits pour elles, il faut y renoncer; il faut s'en éloigner; il faut s'en separer entierement.

Par exemple, s'il arriue qu'vn objet agreable se presente à nos yeux, & que l'Ame soit attirée pour s'y complaire, il faut d'abord y renoncer, & en détourner la veuë: Et c'est ce qui s'appelle mortifier ses yeux. Il faut dire le mesme du flairer, du toucher, du goûter, & de tout ce qui regarde les Sens exterieurs ou interieurs; & mesme des autres facultez de nôtre Ame.

Second Motif de la Mortification.

SECTION SECONDE.

LE Second Motif qui nous oblige à nous mortifier, est l'obligation de faire Penitence. *Comme nos membres ont seruy à l'iniquité*, dit Saint Paul, *il faut qu'ils seruent à la justice.*

Nostre Seigneur veut que nous soyons punis par les mesmes choses, par lesquelles nous auons peché. Il faut donc que nos membres qui ont pris plaisir à l'offense de DIEV, soient Crucifiez & punis: Il faut qu'ils soient mortifiez; Et que comme ils ont seruy à l'iniquité & à l'injustice, nous les fassions seruir en suite à la Iustice.

Sicut exhibuistis membra vestra seruire immunditiæ, & iniquitati ad iniquitatem; ita nunc exhibete membra vestra seruire justitiæ in sanctificationem. Ad Rom. 6: 19.

Or nous les faisons seruir à la Iustice, non seulement en les employans aux exercices de pieté, qui sont œuures de Iustice, à cause que par elles nous rendons nos justes deuoirs à DIEV; mais encore en les faisans seruir à la Iustice de DIEV, & leur faisans porter les justes effets de la vengeance Diuine.

Il faut que DIEV punisse en nous nos membres; & qu'ainsi ils seruent à la Iustice: Si DIEV ne le fait pas, il faut que nous prenions sa place, & que nous entrions en son zele contre nous-mesmes. Il faut que nous seruions d'instrument à son Esprit, pour exercer sa Iustice sur nous. Il faut que nous prenions son party contre nous-mesmes, & que nous nous fassions la guerre de la part de DIEV, que nous sçauons n'estre pas content de nous, & ne s'estre point satisfait ny vengé de nos offenses.

Il faut animé de son courage & de son zele, se punir soy-mesme, & éleuer le bras contre soy, comme contre vne Personne estrangere: Car nous sommes plus à Dieu qu'à nous-mesmes, & nous deuons plus entrer dans l'interest de Dieu, qu'en tout interest propre.

Dieu nous est toute chose, & auprés de luy nous ne nous sommes rien. Nous deuons donc nous oublier & nous perdre; en sorte que nous frappions sur nous comme sur vn Mort, ou sur vne personne qui n'est plus nous-mesmes, mais vn autre que nous. C'est ainsi qu'est fait vn veritable Penitent, qui exerce la Mortification sur soy, en vray Esprit de Penitence.

Il y a encore vne autre veuë de Penitence, qui nous oblige à nous mortifier; à sçauoir, la veuë seule de nôstre Chair telle qu'elle est en elle-mesme, en sa malediction, & en sa rebellion à Dieu. Car comme telle, elle doit estre mortifiée vniuersellement, & nous deuons nous armer contre-elle, comme contre vne ennemie mortelle de la Diuinité.

La Chair en elle-mesme est entierement opposée à DIEV, & en cette qualité elle doit estre punie. Elle est comme vn Forçat & vn Esclaue rebelle; qui nonobstant son crime, ne laisse pas de se reuolter encore à toute heure : Ainsi elle doit estre assujettie par force & par contrainte à son Maître.

Adam pour seruir d'exemple à sa posterité, fut toute sa vie en Penitence; & DIEV ne le laissa l'espace de neuf cens ans sur la Terre, que pour apprendre à tous ses Enfans qui continuënt sa vie, qu'ils doiuent aussi continuer sa Penitence; & qu'ils ne la doiuent non plus interrompre pendant qu'ils viuent sur la Terre où ils sont bannis du Ciel, qu'il ne l'a point interrompuë pendãt sõ exil du Paradis.

Les Chrestiens comme Enfans de IESVS-CHRIST, continuënt sa Vie Sainte par la vertu de son Saint Esprit ; & les Enfans d'Adam doiuent de mesme continuer la vie Penitente de leur Pere. Les Chrestiens sont les expressions & l'étenduë de la Vie de IESVS-CHRIST ; & les Enfans d'Adam doiuent estre aussi l'expression & la dilatation de la vie d'Adam dans l'estat de Penitence. Ils sont donc obligez de punir leurs offenses, comme il a fait la sienne.

Troisiéme Motif de la Mortification.

SECTION TROISIESME.

LA Troisiéme obligation que nous auons de nous mortifier, naist de la Religion, qui nous porte toûjours au Sacrifice de nous-mesmes ; & par consequent à la Mortification.

à la vie Chreſtienne. 211

Par exemple, quand nous deſirons de prendre nos plaiſirs en quelque choſe ſelon la Chair, & que nous ſommes ſollicitez de contenter nos ſens interieurs ou exterieurs, ou de ſatisfaire quelqu'vne de nos puiſſances, meſme ſpirituelles; comme noſtre volonté par quelque vaine ſatisfaction, où noſtre eſprit par quelque curioſité & recherche inutile; alors par Eſprit de Religion & de Sacrifice, nous deuons mortifier tous ces appetits propres; nous les deuons détruire & étouffer.

Et cela proprement s'appelle Sacrifier; à cauſe que l'on détruit à la gloire de DIEV, on immole, on égorge, on étouffe le deſir & l'appetit naturel, qui eſt vne choſe reelle & veritable; vne choſe ſenſible & effectiue; & d'autant plus ſenſible, qu'elle eſt plus fortement en nous, puis qu'elle eſt vne partie de nous.

Rien n'eſt plus cruel ny plus rigoureux que la Religion. Elle immole tout; elle égorge tout; elle ne pardonne à rien: Elle a en main ce glaiue que IESVS noſtre Maître eſt venu apporter ſur la Terre:

Matt.10. 34. *Non veni pacem mittere, ſed gladium.*

La Mortification eſt figurée par ce glaiue nud que portoit Ezechiel, & qu'il paſſoit de temps en temps dans les poils de ſa barbe; pour monſtrer qu'il falloit Sacrifier les deſirs ſuperflus de la Chair, qui ne ſont que des excremens, & vne corruption de noſtre nature.

Ezech.5.1.

L'Ancienne Loy dans ſes Sacrifices ſanglans, eſtoit auſſi vne figure de la cruauté qu'il faut auoir en fait de Religion. Elle ne doit rien épargner qu'elle ne ſacrifie à DIEV. C'eſt ainſi qu'en vſerent les Leuites en l'Exode, qui ſacrifierent à DIEV, & mirent à mort leurs Enfans, leurs Freres, & leurs Amis, par Eſprit de Religion & par eſtime de DIEV, deuant lequel ils n'eſti-

Ponat vir gladiū ſuper femur ſuum, &c. & occidat vnuſquiſque fratrem, amicum, & proximū ſuum. Feceruntque filij Leui iuxta ſermonem Moyſi, &c.

à la vie Chrestienne.

moient rien toute la Creature, & ne pouuoient rien souffrir qui luy depleût.

Telle doit estre la Religion des Chrestiens. Ils doiuent détruire & sacrifier toute la corruption de la Chair; tout ce qu'ils ont de propre; tout ce qui est en eux de superflu; En vn mot, tout ce qui n'est point rené de IESVS-CHRIST.

Et ait Moyses: Consecrastis manus vestras hodie Domino, vnusquisque in filio, & in fratre suo, vt detur vobis benedictio. Exod. 32. v. 27. 28. 29.

Quatriéme Motif de la Mortification.

SECTION QVATRIESME.

LE Quatriéme Motif qui nous oblige à la Mortification, est la Sainteté, qui nous doit tenir vnis à DIEV, & détachez de toute Creature. La Sainteté en DIEV, fait qu'il est appliqué à luy-mesme, & separé de tout estre creé: Et elle doit faire le mesme effet dans tous les Chrestiens qui sont consacrés à DIEV par le Baptême, &

que Saint Paul pour ce sujet appelle *Saints*.

Sanctis.
1. ad Cor.
1. 2. & ad
Ephes. 1.1.

Mais si tous les Chrestiens doiuent estre Saints & separez de tout; les Prestres y sont bien plus particulierement obligez, puisque c'est à eux principalement que Dieu dit; *Soyez Saints, à cause que ie suis Saint*: Soyez separez de tout, à cause que ie le suis.

Sancti estote, quia ego Sanctus sum.
Leuit. 11. 44.

Sancti erunt Deo suo, & nõ polluent nomen eius : incensum enim Domini, & panes Dei sui offerunt, & ideo sancti erunt.
Leuit. 21. 6.

Les Prestres qui offrent les Pains & les Encens à Dieu, *doiuent estre Saints à* Dieu; c'est à dire, separez de tout, & appliquez à Dieu seul. Il le merite bien; mais de plus, il le veut, à cause de sa grande Sainteté. Comme il est Saint & separé de tout, & qu'il ne peut rien souffrir que ce qu'il est, il veut que le Prêtre qui l'approche, soit consommé en luy par son Esprit; afin qu'il n'y ait rien d'impur qui l'approche; & que par ce moyen il puisse toûjours demeurer Saint & separé de tout, lors mesme qu'il est vny au Prêtre.

à la vie Chrestienne.

La Sainteté separe l'Ame de toute la Creature, & l'empéche de s'épancher en elle, & de s'y porter par affection. Elle l'oblige à se retirer en DIEV, & à ne se porter à rien hors de luy. Si bien que l'austerité de la Sainteté est tres-grande, & sa seuerité tres-rigoureuse, puis qu'elle ne souffre pas le moindre épanchement de l'Ame en ce qui n'est pas DIEV.

Elle ne souffre pas mesme que l'Ame s'épanche à goûter certaines tendresses & certains sentimens pour DIEV. Car ces sentimens & ces goûts n'estant pas DIEV, ils feroient que l'Ame s'y amusant, s'amuseroit, s'épancheroit, & s'arresteroit à ce qui n'est pas DIEV.

L'Ame établie dans la parfaite Sainteté, demeure purement vnie à DIEV par la Foy. Elle ne s'amuse à rien; elle ne s'arreste à rien; elle ne cherche rien que DIEV; elle se separe mesme de l'attache à ses Dons, parce qu'ils ne sont pas

Dieu, qui est pur & Saint, & separé de tout.

Ce n'est pas que nous ne deuions nous seruir de ses Dons pour aller à luy; mais ils n'en doiuent estre que la voye, & nous n'y deuons auoir aucune attache, afin de le posseder seul. Si nous nous y attachons, c'est quelque chose entre Dieu & nous, qui l'empéche de s'vnir entierement à nous.

Omnes declinauerunt. Psal. 13. 5.

Il y a bien peu d'Ames qui ne declinent, & qui ne s'épanchent dans la Creature. Il y en a peu qui soient soigneuses de se retirer interieurement, pour rentrer en Dieu & pour se perdre en luy, lors qu'elles s'apperçoiuent qu'elles commencent à estre attirées vers la Creature. Et c'est pourtant à quoy il faut se rendre fidele : Car il ne faut iamais souffrir que l'Ame s'incline & se porte d'affection vers aucune Creature.

De là vient que les personnes Saintes, qui sont purement appliquées

pliquées à Dieu, & retirées entierement en luy, ne s'épanchent jamais en joyes superfluës ; non pas mesme à l'abord de leurs amis, parce que Dieu, en qui leur Ame est retirée, ne le permet pas : Et comme elles ont perdu tout sentiment, & que tout le fond de leur Ame est occuppé en Dieu, & vny intimément à luy, elles ne s'amusent plus à s'épancher ailleurs.

Que si l'Ame commence à se déprendre de cette occuppation Sainte & Diuine, & à se reprendre aux Creatures; pour lors elle s'affoiblit autant en Dieu, elle perd sa force & sa vigueur, & elle demeure vaine & répanduë comme de l'eau sur vne terre seiche. *Sicut aqua effusus sum. Psal.21.15.*

Il ne faut pas seulement estre soigneux de retirer l'Ame des choses grossieres & charnelles, mais encore des spirituelles, comme nous auons dit ; à sçauoir, des goûts, des consolations, & des autres graces sensibles de Dieu,

K

ausquelles l'Ame se laisse aller aysément. Elle les ayme, elle les cherche, elle les desire presque toûjours; & ne faisant pas attention que ces choses ne sont non plus Dieu que les autres, elle s'y attache; & perd sa sainteté aussi veritablement, quoy que non pas si entierement, que si elle s'arrestoit à d'autres plus grossieres.

L'Ame par l'vsage & par le goût de ces choses, deuient crasseuse & impure: Elle deuient foible, inconstante & legere: Enfin, si elle n'y prend garde, elle se trouue dans vne opposition entiere à la Sainteté de Dieu.

Le dessein de Dieu est de rappeller toutes choses à l'vnité; & il veut que toutes les Creatures dispersées en elles, seruent aux Hommes pour s'vnir à luy seul. C'est pourquoy lors que nous voyons des objets agreables, où nos Sens & nostre Ame sont attirez, il veut que soudain nous nous en retirions pour retourner à luy, & que nous luy disions, Qu'il est nostre Monde, nostre Plaisir, nostre Gloire, nostre Thresor & nostre Tout.

C'est ainsi que les Saints dans le Ciel, abîmez en DIEV & trouuans en luy toutes choses, ne sont point tentez par les Creatures grossieres de la Terre. Comme DIEV les contient toutes en éminence; qu'il est tout par Essence; & qu'il renferme en soy & en sa souueraine perfection toutes les perfections imparfaites du Monde, qui sont semées & répanduës dans les Creatures, ils possedent tout en luy; à qui seul ils sont appliquez, sans auoir rien de prophane, ny aucune inclination pour la Terre qui les rende impurs, & qui empéche leur Sainteté.

C'est l'amour & l'alliáce que no⁹ auons auec la Creature, qui nous rend prophanes, & qui empéche nostre Sainteté. C'est pourquoy si nous voulons estre Saints, il faut

K ij

estre soigneux de nous retirer en Dieu à l'aspect de châque Creature; parce qu'il n'y en a pas vne qui ne nous tire hors de Dieu, & qui ne nous attire à elle.

Pour cela ie pense qu'il est important de nous former des Exercices journaliers, qui nous seruent dans les rencontres de la vie pour nous dégager de toutes choses, pour nous porter à Dieu, & pour nous apprendre à nous retirer en luy, & à entrer ainsi en Communion auec luy par amour.

Qui manet in charitate, in Deo manet, & Deus in eo. 1. Ioa. 4. 16. Qui manducat meam carnem, & bibit meũ sanguinem, in me manet, & ego in illo. Ioa. 6. 57.

L'vnion de charité nous met en Dieu, & met Dieu en nous: Et de mesme que la Communion Sacramentelle nous met en Iesus-Christ, & met Iesus-Christ en nous; ainsi la Communion à Dieu par amour, quoy que Spirituelle, estant neantmoins reelle, nous met en Dieu reellement, & met aussi Dieu reellement en nous; En sorte que nous deuenons vn mesme Esprit auec luy.

à la vie Chrestienne. 221

C'est là la nourriture continuelle & le pain quotidien, dont nous deuons nous nourrir incessamment. C'est la Mammelle à laquelle nous deuons recourir sans cesse, pour estre entretenus dans la Vie Diuine. La Communion Spirituelle & la Sacramentelle, sont les deux Mammelles dont parle l'Escriture, qui sont meilleures que les vins les plus delicieux du Monde.

Meliora sunt vbera tua vino. Cant. 1. 1.

DIEV fait par son Esprit Diuin, qui est l'vne de ces Mammelles, par lesquelles il nourrit son Eglise, comme ces Nourrices qui jettent par fois du laict sur la bouche des Enfans, pour les faire souuenir de chercher le Tetin, qui les doit nourrir & sustenter abondamment.

Ainsi ce Diuin Esprit qui a orné le Monde de ses beautez, presente deuant la veuë des Hommes tous les biens, & les objets agreables de cette vie, pour les obliger à se res-

Spiritus eius ornauit cœlos. Iob 26. 13.

K iij

souuenir de leur source qui est en luy, & a y recourir auec amour pour se nourrir interieurement : Ce qui se fait en se liant à luy par amour, & en se retirant en luy à l'aspect de toutes les Creatures.

Les choses qui se presentent à nous en ce Monde, ne sont point pour nous amuser à elles ; mais seulement pour nous auertir, qu'il y a dans l'Esprit de DIEV des choses plus saintes & plus pures que nous pouuons goûter, & dont nous pouuons jouyr parfaitement en luy.

De l'Exercice, ou Pratique de la Mortification.

SECTION CINQVIESME.

APrés auoir consideré les Motifs qui nous obligent à nous mortifier, & aprés nous en estre bien conuaincus, il faut que nous examinions, en nous confondans deuant DIEV; combien d'années se sont passées à viure en nous-mesmes & selon nous, sans nous mortifier; nous fâchans de tout ce qui nous contredisoit, & ne pouuans rien souffrir de ce qui n'estoit pas selon nos inclinations naturelles, & selon nos propres desirs : Ce qui est tres-opposé à la conduite de IESVS-CHRIST nostre Modelle, qui n'a jamais suiuy ses inclinations & ses propres desirs, & qui n'a jamais cherché à se plaire à soy-mesme.

CHRISTVS non sibi placuit. Ad Rom. 15. 3.

Combien d'impatiences, ausquelles nous auons adheré? Combien de desirs propres que nous auons suiuis? Enfin, combien de temps auons-nous mené vne vie, non de Chrestien, mais de Payen, sans reconnoître en nous d'autre principe de nostre conduite, que nous-mesmes & nostre Chair; & sans auoir égard au Saint Esprit, qui nous faisoit reconnoître interieurement nostre deuoir, & qui nous y portoit auec amour & auec efficace ?

En suite de cét Examen, il faut nous resoudre à faire deux choses. La premiere, a étudier par l'Oraison à renoncer à nous & à toute cette vie propre, qui est vne vie de condamnation, à trauailler à rebuter ces desirs de la Chair, qui naissent en nous à tous momens, & à retrancher les mouuemés injustes & déreglez de la nature, qui n'est pas le principe de la vie Chrestienne.

La vie Chrestienne est en nous par l'Esprit viuifiant que Dieu nous donne par le Baptême, où nous sommes faits Enfans de Dieu, animez d'vne mesme Vie que la sienne, & remplis d'vne mesme Substance que luy, qui nous doit en tout mouuoir & diriger ; à l'exemple de Nostre Seigneur, qui se laissoit gouuerner à l'Esprit de Dieu son Pere, qui est le mesme Esprit que nous auons.

Comme il n'agissoit en tout que selon la lumiere de son Pere, nous ne deuons agir aussi que par la Foy, qui est vne admirable participation de cette Diuine lumiere: Comme il n'agissoit que par le mouuement de son Esprit, nous ne deuons agir que par la Charité qu'il nous donne, pour estre le principe de nos œuures. Enfin, comme il n'agissoit qu'en sa Vertu, nous ne deuons aussi agir qu'en sa Force, que nous auons receuë au Baptême, & dont nous auons receu la plenitude à la Confirmation.

Admirabile lumen.
1. Petr. 2. 9.

Cette Vie Chrestiéne procedante & animée de l'Esprit, est la Vie dont DIEV vit en luy-mesme, & dont les Saints viuent au Ciel. Il se plaist à nous communiquer sa vie cachée; Il l'a renferme en nous en ce Monde, pour la manifester au iour de l'Eternité, où il fera voir clairement quelle a esté la perfection, la sainteté, la sagesse,

Vita vestra abscondita est cum CHRISTO in DEO.

K v.

cū CHRIS- la charité, & la force, en laquelle
TVS appa- il operoit en nous. Et ce sera vn des
ruerit,vi-
ta vestra; sujets de la beatitude des Saints,
tunc & dans lesquels DIEV expliquera
vos appa-
rebitis cū les beautez & les richesses de sa
ipso in Vie.
gloria.
Ad Col. 3.
4.

Au contraire, vn des plus grands & des plus sensibles tourmens des reprouuez, sera la malediction des œuures de leur Chair, qu'ils desireroiét estre toutes abolies & étouffées pour n'en plus ressentir la peine; Et DIEV neanmoins en donnera la veuë à ces mal-heureux, qui verront auec effroy tout ce que la corruption de la Chair aura operé en eux en cette vie.

Cette veuë leur sera aussi effroyable, à cause des priuations horribles que les œuures de la Chair portent auec elles; que les œuures de l'Esprit seront agreables aux Bien-heureux, qui seront dans la joye & dans le rauissement, de voir la beauté qui leur en reuient, & la Sainteté sur-éminente, auec la quelle la Majesté de DIEV aura operé dans leurs Ames.

La Seconde chose à quoy il faut nous resoudre, & qui suit immediatement cette Premiere, est de laisser operer DIEV en nous, afin qu'il anime de son Esprit toutes nos œuures, puis qu'il veut estre le principe de tout en nous. O benediction ! ô joye ! ô bon-heur inconceuable ! Qu'vn DIEV vueille encore vne fois viure dans la Chair, & l'animer, pour faire des œuures dignes de l'Eternité, dans lesquelles il se complaise, & soit glorifié pour jamais !

C'est par ces deux Exercices qu'il faut commencer la Vie interieure & Diuine. Il faut Premierement trauailler à la Mortification de soy-mesme; Et en suite estant mort à la Chair, tâcher de viure par Esprit. Sans cela nous ne ferons jamais rien, & tout autre exercice ne seruira qu'à nous perdre. Tout le reste est comme vn Onguent qui renferme nostre mal, & ne l'oste pas; qui le cache, & ne le guarit point. Tout n'est que flaterie & qu'abus, lors qu'on n'agit point sur ces principes.

Il faut donc se resoudre à la Sainte Mortification en la vertu du Saint Esprit : Car si nous sommes soigneux en sa Diuine Vertu, de repousser les sentimens & les mouuemens abominables de la Chair, nous viurons, dit Saint Paul : Si au contraire nous viuons selon les impetuositez de ses desirs & de ses mouuemens, nous mourrons.

Si enim secūdum carnem vixeritis, moriemini : Si autem spiritu facta carnis mortificaueritis, viuetis. Ad Rom. 8. 13.

Si nous sommes fideles à mortifier nostre Chair en ses appetits & en ses desirs, DIEV se rendra present à nous; il ira s'vnissant intimément à nous ; & autant que nous aurons de soin de nous mortifier, de renoncer à nous, & de retrancher jusqu'aux moindres choses où la Chair se pourroit rechercher, autant en aura-t-il de nous viuifier & de nous animer.

à la vie Chrestienne. 229

Il n'y a point de meilleure voye pour paruenir à la Contemplation, que la purgation de nous-mesmes; bannissant de nous tout ce qui n'est pas DIEV, & tenant nôtre Ame nette & pure, comme vne glace, dans laquelle le Soleil prend plaisir de s'imprimer, & de se tenir present. C'est en quoy consiste la vraye vie des Chrestiés, qui est vne participation de celle des Bien-heureux, qui contemplent la verité de DIEV qui leur est toûjours present par tout où ils se trouuent.

Motifs contre l'Immortification.

SECTION SIXIESME.

1. Qvelle injure au Pere Eternel, de voir que ny la consideration de sa presence, ny l'authorité de son commandement, ny les menaces de ses châtimens, ny les promesses de ses torrens immenses de volupté, ne puissent

empêcher la recherche du moindre petit plaisir!

2. Quelle confusion au Fils de Dieu, d'auoir souffert tant de peines, pour nous obliger à resister à nos Sens; & que ny le ressentiment de tant de Graces & de Dons qu'il nous a meritez, ny l'exemple qu'il nous a donné, ny la vertu qu'il nous a acquise, ne puissent rien sur nous! Quel mépris de la Vie, du Sang, & de la Mort de Iesvs-Christ!

3. Quel affront au Saint Esprit, qui fait sa residence en nous pour opprimer la Chair en ses soûleuemens, & pour établir son Empire sur l'assujettissement de nos Sens, de nos passions, & de nous-mesmes; qu'il faille que cette Diuine & Auguste Personne, ce Dieu vainqueur de tout le Monde, ce Roy auguste de toute la Creature, se voye vaincu, captif & assujetty sous nos Sens, sous vne passion, sous la Chair; & bien souuent qu'il

se voye chassé & banny de sa demeure & de son Thrône.

4. Quel sujet d'Orgueil au Demon, de triompher de DIEV viuant dans la Creature; de voir & le Chrestien & son DIEV tout ensemble asseruis sous ses pieds! Quelle honte pour nous, de voir par nostre Ministere cét horrible attentat commis; vn DIEV captif sous les pieds du Demon!

5. Quel desordre pour l'Homme, & quel renuersement pour son Estre! Que l'Appetit inferieur, qui doit estre assujetty à l'Esprit, en soit le Maître; Que la Chair par l'Immortification, soit au dessus de l'Esprit; En vn mot, Que le Maître en nous soit deuenu Esclaue! DIEV a tant trauaillé pour rétablir en son Fils le premier ordre de nostre condition; & nous renuersons tout d'vn coup ses Merites, son Sang, sa Grace, & tout son œuure; Enfin, tous les desseins du Pere, tous les trauaux du Fils, &

tous les efforts & operations du Saint Esprit.

6. Quel fruit de ce moment d'Immortification, sinon le remords interieur, la confusion, qui nous fait rougir de honte, & enfin la Mort & la condamnation Eternelle !

7. Le plaisir s'est passé, & la peine nous reste ; le moment a esté tres-court, & la satisfaction tres-legere, mais les gehennes futures dureront à jamais.

8. Quelle tristesse à l'Ame à l'heure de la Mort; lors que voyant tous ses Membres languissans & sans vie, qui pouuoient auoir acquis mille degrez de Gloire dans l'immortalité, elle se trouuerra par l'Immortification sans esperance, & ses œuures sans merite !

9. Quel dépit l'Ame n'aura-t-elle point en ce temps contre elle-mesme, de s'estre miserablement amusée à des choses, dont alors éclairée des lumieres de DIEV, el-

se verra l'impureté & la grossiereté, & qui n'auront plus rien de ces charmes trompeurs & de ces illusions, qui l'attiroient & la plongeoient dans le Peché!

10. Quelle joye au contraire ne sentiroit cette Ame, si elle auoit bien trauaillé à se mortifier en cette vie, de voir ses Membres, alors inutiles & sans vie, attendre la Vie glorieuse d'vn Dieu Resuscité; qui ayant passé sa vie en trauaux & en peines, a acquis à ses Membres affligez & crucifiez auec luy, la plenitude de la joye & de la beatitude qu'il doit receuoir de son Pere en eux-mesmes, pour auoir souffert & s'estre mortifié en eux!

11. Quelle crainte pour lors d'vn Iuge si exact, si juste, si rigoureux, qui n'aura qu'autant d'agréement pour l'Ame, qu'elle aura souffert en cette vie, & qui la punira autant qu'elle aura esté indulgente à elle-mesme, & que pour prendre son plaisir, elle aura obey aux volõ-

tez du Diable & de la Chair.

12. O Ame! souuiens-toy pourquoy ton DIEV t'a faite, & pourquoy il t'a reparée par sa Misericorde! Ce n'est pas pour viure dans l'impureté & dans l'immondice de la Chair, mais pour t'éleuer à la Sainteté de DIEV mesme.

Nō enim vocauit nos Devs in immū ditiam, sed in sāctificationem. 1. ad Thes. 4. 7.

La volonté de DIEV le Pere en nous reformant à son Image, est de nous faire Saints comme luy. DIEV est Saint, & il veut que ses Enfans soient Saints. Son Fils, dit Saint Paul, est resuscité pour ce sujet: Car c'est afin que nous marchions en nouueauté de Vie; c'est à dire, en Sainteté. Il nous a donné aussi pour ce sujet son Diuin Esprit de Sainteté; Et il est en nous, pour nous faire ses Temples, & pour nous sanctifier en tout. Son dessein est de faire autant d'Anges, & autant d'Esprits separez de la Chair par la Sainteté, qu'il y a de Chrétiens dans son Eglise.

Hæc est voluntas Dei, sanctificatio vestra. 1. ad Thes. 4. 3.

Sancti eritis, quoniam ego sanctus sum. 1. Pet. 1. 16.

Vt quomodo Christvs resurrexit à mortuis per gloriam Patris, ita & nos in nouitate vitæ ambulemus. Ad Rom. 6. 4.

An nescitis quoniam Mēbra vestra, tem-

13. O Ame! que fais-tu? & qu'es-

à la vie Chrestienne.

tu deuenuë? Où est la Sainteté & la perfection de tes voyes? Toy, qui estoit belle comme la Lune, choisie comme le Soleil, & en qui par la grace du Baptême, il n'y auoit plus aucune tache.

14. Qu'est deuenuë cette splendeur de DIEV? Où en es-tu reduite? *Denigrata es super carbones.* Te voila par l'Immortification & par l'adherence à la Chair, plus noire que les charbons, & plus sale qu'vn torchon couuert de bouë, de pus & d'apostume: *Quasi pannus menstruatæ.*

15. Retourne de ton abbatement & de ta confusion à DIEV ton Createur, en confiance qu'il te purifiera. Quand tu serois plus noire qu'vn Ethiopien, il te rendra plus blanche que la neige. Inuoque DIEV en ses Bontez & en ses Misericordes, qui sont plus grandes que sa Iustice.

16. Preuenons sa Iustice en la confession de nos Pechez: Preue-

plum sunt Spiritus Sancti. 1. ad Cor. 6. 19. Templū enim Dei sanctum est, quod estis vos. 1. ad Cor. 3. 17. Vbi est timor tuus, fortitudo tua, patientia tua, & perfectio viarum tuarum? Iob 4. 6. Pulchra vt Luna, electa vt sol. Cantic. 6. 9. Tota pulchra es amica mea, & macula non est in te. Cant. 4. 7. Thren. 4. 8. Isa. 64. 6. Psal. 50. 9. Superexaltat autem misericordia

nons les peines par le châtiment & par la satisfaction de nos fautes, & punissons nostre Chair par les choses mesmes, par lesquelles elle a offensé. La satisfaction en IESVS-CHRIST, & la Penitence animée & viuifiée de son Esprit, vaut tout à vne ame qui est imbuë de luy, & qui est pleine d'intentions de plaire à la Iustice de son Pere, & de luy faire amende honorable par vn pur sacrifice d'amour, & de bonne & pure volonté.

iudiciũ. Iac.2.13. Miserationes eius super omnia opera eius. Psal.54.9. Præoccupemus faciem eius in confessione. Psal.94.2.

17. Enfin, qu'y a-t'il de plus puissant contre l'Immortification que de sçauoir que nous sommes Pecheurs; & que comme tels, nous deuons estre priuez de la ioye des Creatures, qui ne doiuent plus seruir qu'à nous crucifier & à nous punir, & non plus à nous réioüir & à nous consoler. Et mesme comme criminels, nous deuons en tout nous crucifier incessamment. Car le Crucifiment est le supplice que Dieu a institué &

consacré pour punir le Peché, & pour se faire Iustice: C'est vn instrument de peine & d'affliction vniuerselle de la Chair: C'est la Mort totale de tous les sens & de tout nous-mesmes; & non pas vn supplice supplice singulier qui afflige seulement vn Membre, ou qui n'oste la vie que par quelque peine particuliere.

Chapitre IX.

De la Patience.

LA Patience est vne Vertu, qui nous fait porter en paix les peines & les souffrances, & qui nous donne la ioye dans les tribulations qu'il plaist à Dieu de no⁹ enuoyer.

La Patience, pour estre Chrestienne, doit regarder Dieu par les yeux de la Foy, comme l'Autheur de toutes les souffrances & de toutes les persecutions qui nous arriuent.

Pagination incorrecte — date incorrecte

NF Z 43-120-12

Elle doit mesme porter les afflictions & les délaissemens en la vertu de l'Esprit de DIEV; qui premierement a residé en plenitude en IESVS-CHRIST, & qui en suite nous a esté transmis par le Baptême & par les autres Sacremens.

Des Degrez de la Patience.

SECTION PREMIERE.

LA Patience a trois Degrez que Nostre Seigneur nous marque dans l'Euangile, & dont il nous a voulu môntrer l'exemple.

Le ~~Premier est~~ de souffrir en paix, auec resignation & soumission entiere aux Ordres de DIEV, les peines qui nous arriuent. C'est ainsi que Iob au milieu de ses souffrances & de ses peines, disoit dans vne parfaite quietude, & dans vn entier abandon à la volonté Diuine :

DIEV *me l'a donné* : DIEV *me l'a osté: son Saint Nom soit beny.*

La Patience ne murmure point contre DIEV, ny contre le Prochain; elle n'a aucune inquietude interieure en son mal; & elle nous met dans les mesmes dispositions, que les Ames ont dans le Purgatoire, qui souffrent en paix sublime la violence des feux & des tourments.

Dominus dedit, Dominus abstulit: sicut Domino placuit, ita factum est. Sit nomen Domini benedictum. Iob. 1. 21.

Ce Premier Degré nous est marqué par ces paroles: *Bien-heureux sont ceux qui souffrent persecution pour la Iustice*; & qui les souffrét en Paix & auec soûmission aux ordres Saints de la Diuine Prouidence. Et il nous en a môntré l'exéple lors qu'il s'est soûmis volontairement à tant de peines, & qu'il a esté au milieu de toutes ses souffrances, dans la tranquilité d'vne brebis que l'on mene à la boucherie.

Tanquam ouis ad occisionē ductus est: & sicut agnus côram tondente se, sine voce, sic non aperuit os suum. Act. 8. 35.

Le Second Degré, est de desirer ardemment de souffrir. Ce Degré a paru dans les Martyrs, dont le cœur embrasé de ce desir, a donné des marques mesme exterieures, du grand amour qu'ils auoient pour les souffrances.

Ainsi vn S. André s'écrie à la veuë des tourments qu'on luy prepare : *O bonne Croix, que i'ay si long-temps & si ardemment desirée.* Ainsi vn Saint Laurent témoigne souffrir auec peine le retardement de son Martyre. Ainsi vne Sainte Therese s'écrie dans les transports de son amour ; *Ou souffrir, ou mourir.*

O bona Crux diu desiderata, & iam concupiscenti animo præparata.

Aut pati, aut mori.

Noſtre Seigneur exprime ce Second Degré par ces paroles : *Bien-heureux sont ceux qui ont faim & soif de la Iustice*, Et qui desirent ardemment les souffrances pour accomplir en eux les desseins de Dieu, qui veut que tous les Chreſtiens souffrent auec Iesvs-Christ, & qu'ils satisfassent en luy & auec luy à sa Diuine Iustice.

Beati qui esuriunt, & sitiunt iustitiam. Matth. 5. 6.

Il a voulu aussi porter cét effet,
&

à la vie Chrestienne.   241

& nous faire paroître combien il a aimé les souffrances, lors qu'il dit: *J'ay desiré ardemment de manger la Pasque auec vous.* Il consideroit le Sacrifice de la Pasque, comme vn mesme Sacrifice auec celuy de la Croix, où toute souffrance est cõprise & renfermée; & dans cette veuë, il en témoigne vn grãd desir.

Le Troisiéme Degré, est de souffrir auec plaisir & auec ioye. C'est ainsi que les Apostres & les premiers Chrestiens alloient se réiouyssans, parce qu'ils auoient esté trouuez dignes de souffrir pour IESVS CHRIST.

Saint Paul en ses Epistres, témoigne aux Fideles qu'il les veut compagnons de sa ioye dans ses afflictions & dans ses peines: Il ne se contente pas mesme de leur témoigner sa ioye; mais il dit qu'il triomphe dans ses infirmitez, & qu'il se glorifie dã ses souffrances. Et Saint Iacques nous dit, que nôtre cœur doit estre remply de tou-

Desiderio desideraui hoc Pascha manducare vobiscum. Luc. 22. 15.
Baptismo habeo baptisari; & quomodo coarctor, vsque dum perficiatur. Luc. 12. 50
Ibat gaudentes à conspectu concilii, quoniam digni habiti sunt pro nomine IEsv contumeliam pati. Act. 5. 41
Socios gaudij mei omnes vos esse. Ad Thes. l. 1. 7.
Libenter gloriabor in infirmitatibus meis. 2. ad Cor. 12. 9.

L

te ioye dans les differentes peines & tentations qui nous arriuent.

Noſtre Seigneur exprime encore ce Troiſiéme Degré, lors qu'il dit : *Que nous ſommes bien-heureux quand les hommes nous perſecutent, & qu'ils nous font ſouffrir toute ſorte de maledictions & de calomnies; & que pour lors nous deuons nous réiouyr.* Et luy-meſme nous en a donné l'exemple: Car il eſt dit, *Qu'il a porté ſa Croix auec ioye.*

Des Motifs de la Patience.

SECTION SECONDE.

NOus ſommes obligez à la Patience, Premierement en qualité de Creatures. Car Dieu Souuerain Maître de la Vie & de la Mort, de qui noſtre Eſtre dépéd abſolument, a droit de diſpoſer de nous comme il luy plaiſt.

Saint Paul dit, que le Potier a droit de faire tout ce qu'il luy plaiſt de ſon Pot, comme eſtant l'ouurage de ſes mains. Il le briſe,

Mihi autem abſit gloriari, niſi in Cruce Domini noſtri Iesv Christi. Ad Gal. 6.14. Omne gaudium exiſtimate, fratres, cùm in tentationes varias incideritis. Iacob. 1. 2. Beati eſtis cùm maledixerint vobis, & perſecuti vos fuerint, & dixerint omne malum aduerſum vos, &c. gaudete & exultate. Matth. 5. 11. & 12. Propoſito ſibi gaudio ſuſtinuit crucem. Ad Hebr. 12.2. Ad Rom. 9.21.

il le rompt, il le refait, il le paîtrit, il le plie, il le presse, & luy donne la forme qu'il luy plaist.

Nous sommes de mesme entre les mains de DIEV. Comme nous sommes l'Ouurage de ses mains, il peut faire de nous tout ce qu'il veut. Qu'il casse, qu'il brise, qu'il tuë, qu'il mortifie, qu'ils nous plonge au fond des Enfers, & qu'il nous en retire ; cela est en ses mains, & nous le deuons souffrir en paix, adorans ses volontez, ses iugemens, & ses desseins sur son Ouurage, & demeurans entierement abādonnez à son bon plaisir.

Secondement comme Pecheurs. Car en cette qualité nous deuons porter les effets de sa Iustice & de sa colere sur nous. Tous les châtimens qu'il exerce en ce Monde, ne sont rien en comparaison de ce que nous meritons, & de ce qu'il nous feroit souffrir, s'il ne vouloit nous faire misericorde, & nous traiter de douceur & de clemence en cette vie.

Pater noster es tu, nos vero lutum : & fictor noster tu, & opera manuum tuarum omnes nos. Is. 64. 8.

Les châtimens que Dieu a exercez sur les Pecheurs, & que nous voyons dans l'Escriture Sainte; les tourmens mesme des Damnez, & les peines que les Demons souffrent & souffriront eternellement pour vn Peché, nous doiuent donner non seulement la paix, mais la ioye dans nos souffrances.

En effet, qui a-t-il dans l'Enfer qui ne nous soit deu ? Quels supplices y souffre-t-on que nous ne meritiōs, & mille fois dauantage ? Car encore la misericorde se trouue dans l'Enfer; & nous en sommes indignes. Cette veuë ne doit-elle pas nous obliger à porter auec Patiéce toutes les peines & les tribulations de cette vie ; veu mesme que Nostre Seigneur dit qu'elles sont des marques de son amour. *Ie corrige & le châtie ceux que i'aime.*

Troisiémement cōme Chrestiens. Car en cette qualité nous deuons porter beaucoup de peines & de souffrances. C'est pour ce suiet que

Ego quos amo, arguo, & castigo. Apoc. 3. 19.

nous sommes introduits dans l'Eglise; puisque Nostre Seigneur ne nous y a admis que pour continuer sa Vie, qui est vne Vie d'opposition, de contradiction, & de condamnation de la Chair.

Il doit donc l'humilier & l'assuiettir en nous, par les voyes qu'il sçait, & qu'il iuge estre plus vtiles afin d'en estre entierement victorieux. Il a commencé d'en remporter la victoire en sa Chair, & il veut la continuer en la nostre, pour faire paroître en nous comme vn échantillon de la victoire vniuerselle, qu'il en auoit remportée en sa Personne.

L'Eglise & les Chrestiens ne sont qu'vne poignée de Chair à l'égard de tout le Monde; & neanmoins il desire d'estre encore Victorieux en eux pour signaler son Triomphe, & pour donner des marques asseurées de sa Victoire. Ainsi dans cette veuë, le Chrestien doit estre bien fidele à l'Esprit, & entieremét abandonné à luy pour surmonter la Chair, & la détruire en tout.

Les occasions ne luy en manquent pas en cette vie, puis qu'il doit souffrir; Premierement les attaques du Monde dans les mépris, les calomnies, & les persecutions: Secondement, les assauts violents de la Chair dans ses soûleuemens & ses reuoltes: Troisiémement les combats du Demon dans les tentations qu'il nous liure. Enfin les épreuues de Dieu dans les secheresses, delaissemens, abandons, & autres peines interieures dont il l'afflige, pour le faire entrer dans le parfait Crucifiment de la Chair.

Quatriémement comme Clercs. Car le Clerc doit estre dans la perfection du Christianisme: Ce qui ne peut estre sans la Patience.

La Patience est vne marque que l'Ame est vnie intimement à Dieu, & qu'elle est établie dans la Perfection. Car il faut qu'elle soit bien en Dieu, & possedée bien plainement de luy, pour porter les peines & les tourmens dans la paix, dans la quietude, & mesme dans la ioye & la beatitude de son cœur.

Il faut qu'elle y soit bien profondement abîmée, & qu'il l'a tienne bien puissamment & fortement vnie à luy, afin que la Chair n'ait point la force de l'attirer à elle, pour la faire entrer dans les sentimens, & dans les auersions qu'elle a de souffrir & d'endurer.

L'Ame en cét estat est dans la perfection où on peut monter en cette vie, puis qu'elle est conforme à Nostre Seigneur dans la parfaite soûmission qu'il a euë à Dieu dans ses souffrances. Car quoy que sa Chair eut opposition & repugnance pour la Croix, il ne l'a point écoutée dans ses desirs, mais il a toûiours esté dans vne parfaite adherece aux Volōtez de son Pere.

Les Clercs donc estans les parfaits entre les Chrestiens, & ceux qui sont choisis du milieu de l'Eglise, pour assister deuant le Tabernacle de DIEV, doiuent faire vne particuliere attention à cette Vertu. C'est là leur Caractere : C'est la marque par où ils doiuent estre discernez : C'est ce qui les dispose à l'honneur de la dignité qu'ils possedent : C'est ce qui les fait reconnoître pour domestiques & familiers de DIEV.

Enfin les Prestres & les Pasteurs doiuent auoir vn Degré éminent de Patience ; puis qu'ils sont en IESVS-CHRIST, & auec IESVS-CHRIST, & Prestres & Victimes pour les Pechez du Monde. IESVS-CHRIST Prestre a voulu estre la Victime de son Sacrifice : Il s'est fait l'Hostie pour tout le Peuple; & comme les Prestres sont comme ses Sacremens & ses Figures, dans lesquels il vit pour continuer son Sacerdoce, & qu'il les reuest de ses mœurs & de ses dispositions interieures, aussi bien que de son Pouuoir & de sa Personne, il veut aussi qu'ils soient établis intérieurement dans l'Esprit & dans les dispositions d'Hostie, pour souffrir, pour endurer, pour faire Penitence ; En vn mot pour s'immoler à la gloire de DIEV pour le Salut du Peuple.

Les Prestres ne doiuent pas seulement à l'imitation de Nôtre Seigneur, estre Victimes pour le Peché, par les persecutions, par les penitences ; par les peines interieures & exterieures ; mais encore ils doiuent estre Victimes d'Holocauste. C'est là leur veritable vocation. Car ils ne doiuent pas seulement souffrir comme luy toutes sortes de peines & pour leurs Pechez, & pour les Pechez du Peuple dont ils sont chargez, mais encore ils doiuent auec luy estre interieurement tout consommez en amour.

<small>Holocaustum, & pro peccato non postulasti. Psal. 39. 7.</small>

L'Esprit d'amour donne force & puissance pour porter les afflictiõs & les peines pour grandes qu'elles soient: Et comme il est infiny, il nous la donne autant qu'il est necessaire pour souffrir celles qui nous peuuent arriuer dans nostre vocation.

Tous les tourmens du Monde ne sont rien à vn cœur genereux remply de la vertu d'vn DIEV, qui peut porter sur luy mille & mille peines plus violentes, que toutes celles dont le Monde & le Demon nous pourroient affliger. C'est en cét Esprit que Saint Paul disoit: *Ie puis tout en celuy qui me conforte.* Il ne voyoit rien que de petit à faire & à souffrir, à cause de DIEV qui habitoit en luy.

Omnia possum in eo, qui me confortat. Ad Phil p. 4. 13.

C'est en ce mesme Esprit Eternel, Immense & Tout-puissant, qu'il appelloit ses souffrances legeres & d'vn moment; à cause de IESVS-CHRIST qui les souffroit & les portoit en luy; & qui luy faisant voir & sentir quelque chose de son Eternité par sa presence, luy faisoit considerer tout le temps de

Momentaneum & leue tribulationis. 2. ad Cor. 4. 17.

cette vie comme vn moment. Et c'est ainsi que Nostre-Seigneur nous faisant sentir interieurement sa puissance & sa force capable de porter mille Mondes, nous fait appeler son fardeau leger. *Onus meum leue. Matth.ii. 30.*

Ce n'est pas pourtant qu'il ne retire quelquefois de nous sa force sensible, afin de nous faire sentir le poids de la tribulation dans la foiblesse de nostre Chair, & dans l'infirmité où elle est reduite par sa priuation: Mais c'est pour operer deux grands effets dans nos Ames, qu'il nous fait porter ce delaissement.

Le Premier est de mépris de nous & des foiblesses de la Chair: le Second d'estime de Dieu & de sa force. Car dans cét estat nous nous trouuons obligez par necessité de recourir à Dieu, & de demeurer en luy pour en estre fortifiez & soûtenus; & pour operer & souffrir à sa gloire tout ce qu'il veut.

L. vj

De la Douceur.

CHAPITRE X.

LA Vertu de Douceur est la consommation du Chrestien. Car elle presuppose en luy l'aneantissement de tout le Propre, & la Mort à tout interest : En sorte que ny le mépris ne l'irrite, ny la perte des biens & du repos de la Vie ne le tire de la Douceur.

Omnis amaritudo, & ira, &c. tollatur à vobis. Ad Eph. 4. 31. Radix amaritudinis. Ad Hebr. 12, 15.

Toute racine d'amertume soit étouffée & consommée en vous, dit S. Paul. Or cela se fait par IESVS-CHRIST Nostre Seigneur : Car en portant dans le fond de nostre Ame la plenitude de la Diuinité, il absorbe dans sa Charité nostre amour propre, qui est la cause de la colere. Ainsi nostre Ame est dans la paix & dans la Douceur: Et même dans les rencontres où l'interest propre semble en apparence estre blessé, elle est sans aigreur & sans amertume.

L'Amour propre s'irrite & se met tout en feu, quand on pretend luy dérober & luy arracher des mains ce qui luy appartient. C'est pourquoy il faut que tout ce fond d'amour de soy, qui s'étend & se porte à la Creature soit abîmé en DIEV, si on veut mettre l'Ame dans la iouyssance de la vraye Douceur.

Comme il y a plusieurs sortes d'Humilitez, il y a aussi plusieurs sortes de Douceurs. Mais la vraye, la fonciere & la parfaite, est celle de cœur, dont Nostre Seigneur parle dás l'Euangile, lors qu'il dit: *Apprenez de moy que ie suis doux & humble de cœur.* Or elle doit être tellement établie en nous, que rien ne la puisse alterer.

Cette Douceur n'est qu'vne participation de celle de DIEV. Il est la Douceur par essence, & lors qu'il en veut rendre l'Ame participante, il s'établit tellement en elle, qu'elle n'a plus rien de la Chair ny d'elle-mesme ; mais elle est toute perduë en DIEV, en son Estre, en sa Vie, en sa Substance, en ses Perfections : En sorte que tout ce qu'elle opere est en Douceur ; & quand mesme elle opere auec zele, c'est toûiours auec Douceur ; à cause que l'amertume & l'aigreur n'a plus de part en elle, non plus qu'elle n'en peut auoir en DIEV.

La Chair & le Vieil Homme ont leur zele enchanté & contrefait ; & quelque ressemblance qu'il ait exterieurement auec celuy du Nouuel Homme, il en est au fond bien different. Car l'vn est toûiours en Douceur, & l'autre toûiours en amertume & en aigreur.

Vne des marques pour discerner le zele de la Chair d'auec celuy de l'Esprit Saint, est que le vray zele de DIEV est allumé en nous par l'interest d'autruy ; & le faux zele du Vieil Homme est toûiours excité par nostre propre interest ; Et c'est ce que l'on nomme la Colere, qui est vn appetit, vne tendence, & vn mouuement d'ardeur, pour retenir ou rechercher ce qui nous appartient.

La vraye Douceur ne se rencontre presque iamais que dans les Ames innocentes, dans lesquelles Iesvs-Christ a fait vn seiour continuel depuis leur Generation Sainte, & dans lesquelles il est crû dans l'étenduë de toutes ses Perfections.

Pour les Pénitens, on ne l'y trouue que rarement ; Parce que le Peché les ayans priuez d'vne infinité de Perfections, & ayant fait regner en eux l'interest desordonné de mille choses, dont l'habitude s'est formée & contractée auec actiuité & auec ardeur, ils sont obligez de trauailler auec beaucoup de peine & de violence, pour détruire tous ces vices de la Chair les vns apres les autres, pour rétablir les Vertus contraires & opposées, & pour reparer ainsi en Iesvs-Christ ce qu'ils auoient perdu.

De sorte que comme il faut pour cela beaucoup de temps & de longues Mortifications, il y en a tres-peu qui soient Perseuerans, & qui trauaillent à l'acquisition des Vertus auec cette grande fidelité qui est necessaire pour recouurer leur perte du Baptême, & pour rentrer en la plenitude des voyes Diuines en Iesvs-Christ.

Il y a deux voyes bien differentes, par lesquelles Dieu communique aux Hommes ses Vertus. Dans la Premiere, il les communique par vn pur effet de sa Bonté & de sa Liberalité, sans exiger aucun trauail de sa Creature. Dans la Seconde, il faut qu'elle trauaille, & il ne les donne qu'apres de violens efforts, & en suite d'vne longue fidelité. La Premiere se peut appeller vne voye d'Infusion; & la Seconde vne voye d'Acquisition. La Premiere est rare dans l'Eglise ; & à moins que DIEV ait quelque dessein particulier sur vne Ame, elle ne se done qu'aux Innocens. La Seconde n'est pas moins rare, parce qu'il y en a peu qui perseuerent dans cette longue fidelité.

L'Infusion est douce, & châcun voudroit posseder les Vertus par cette voye, aussi bien que les autres dons de l'Esprit; mais l'Acquisition est rude, & personne ne la veut. Celle-cy neanmoins est pour tous les Pecheurs & pour toute l'Eglise : L'autre est pour les Innocens, & pour peu d'autres sur la Terre.

Les Innocens croissans en IESVS-CHRIST, toute leur Vertu croist, à cause du Domaine & de l'étenduë de IESVS-CHRIST dans leurs Ames, qu'il reuest, qu'il couure, qu'il penetre de ses Vertus, par le don continuel & le priuilege de sa presence. Il les transforme

& les change tellement, qu'elles ne sont plus elles-mesmes ; mais c'est luy viuant & regnant en elles, possedant & consommant leur être : Et comme il est tout consommé & tout changé en Dieu par l'établissement parfait de Dieu en luy, il fait de mesme des Ames dans lesquelles il vient viure ; il les consomme & les change entierement en luy.

Or comme il y en a peu, en qui Nostre Seigneur fasse ces effets, & en qui il ne reste quelque fond d'interest, qui est la source de l'amertume & de la Colere qui s'irrite pour son interest ; delà vient qu'il y a peu d'Ames parfaitement Douces.

Chapitre XI.

De la Pauureté.

LA Pauureté n'est pas seulement pour separer l'Homme des

choses exterieures du Monde; mais elle a vn autre but & vne fin plus importante, qui va à rétablir tout l'Homme interieur en son premier état.

Cette separation des choses exterieures, n'est parmy les Chrétiens, que par Imitation de Iesvs-Christ Nostre Seigneur, qui a voulu le premier s'en separer, pour faciliter la Sainte & l'Heroïque Vertu de Pauureté aux Hommes, qui la redoutent tellement, qu'ils ont peur d'estre Pauures, mesme au milieu des biens & des Richesses.

Elle est encore pour punir les Hômes du mes-vsage qu'ils ont fait de toutes choses, tant en Adam, qu'en eux-mesmes; Pour la satisfaction de quoy Dieu a voulu les en priuer, & en porter luy-mesme la Penitence, pour en donner l'exemple à son Eglise.

De la Nature de la Pauureté.

SECTION PREMIERE.

POur entendre la Nature de la Pauureté par la fin & par le deſſein de IESVS-CHRIST Reparateur des Hommes; qui eſt, en ſatisfaiſant à DIEV ſon Pere, de reſtituer l'Homme en ſon premier état, & en la premiere Perfection & Sainteté où il auoit eſté creé : Il faut ſçauoir que l'Homme auoit eſté formé de DIEV pour eſtre ſon Temple, dans lequel il vouloit eſtre aimé, loüé, & adoré vniquement.

C'eſt pour cela qu'en ſon premier Commandement, qui eſt l'expreſſion du premier eſtat de l'Homme, & du premier deſſein qu'il auoit ſur luy, lors que dés le premier moment de ſa Creation, il luy imprima dans le cœur la meſme Loy qu'il graua depuis ſur la pierre, pour l'obliger d'employer toute l'étenduë de son Ame, de son Cœur, & de ses forces à l'aimer. C'est pour cela, dy-je, qu'en ce premier Commandement il luy parle ainsi : *Tu aimeras ton* DIEV *de tout ton cœur, &c.* C'est aussi pour cela qu'il a creé le Cœur de l'Homme vuide de tout objet, & comme vne pure capacité de luy & de son Amour.

Diliges Dominũ Deum tuum ex toto corde tuo, &c. Deut. 6. 5.

Mais le trauail du Demon, a esté de remplir le Cœur de l'Homme d'Idoles, de Simulacres, & de Phâthômes, qui occupassent ses pensées, & remplissent ses desirs de l'amour de ces choses, afin que se diuertissant du veritable culte, & de l'vnique & pur Amour de DIEV, il tombast dans l'Idolatrie.

Idolorum seruitus. Ad Ephes. 5. 5.

L'Auarice, dit Saint Paul, & l'amour des choses du Monde, est vne Idolatrie. Et lors qu'elle est établie dans le Cœur de l'Homme, on peut dire que c'est l'abomination de la desolation dans le lieu Saint.

Cùm videritis abominationem desolationis statem in loco Sancto. Matth. 24. 15.

Quelle chose plus horrible & quelle plus grande desolation, que de voir le Cœur de l'Homme qui est le Temple de DIEV, & vn lieu de Sainteté qu'il s'est particulierement consacré, remply de tant de choses impures & immondes; & de voir dans les niches de ce Temple, comme dans celuy que vit Ezechiel, des Serpens, des Crocodiles, & des choses abominables qui le remplissent ?

Cela est si abominable deuant DIEV, qu'il abandonna autrefois son Peuple à la fureur de ses Ennemis, pour punir l'auarice d'vn seul d'entre eux, qui auoit conserué vn manteau d'escarlate & vne regle d'or, & qui les auoit retirez de Iericho lieu d'anatheme, condamné au feu par vn Arrest prononcé de la bouche de DIEV.

Iosue 7.

Le dessein de IESVS-CHRIST venant en nostre Cœur pour le sanctifier, & pour le remettre en son premier estat de vacuité, est de bannir de son Temple tout ce qui le remplit : Il n'y peut souffrir que son Pere, & ses Diuines Perfections : Il en chasse à coups de foüet, par les Persecutions & par les Croix, tous les Achepteurs & les Vendeurs.

Nostre Seigneur entre en zele, & comme en fureur quand il trouue la maison de son Pere, cette maison d'Oraison, & qui doit estre ornée de Sainteté, remplie de Marchands. Les Marchands sont les Images des Auares, à cause qu'ils exposent leur vie, & qu'ils donnent tout leur temps & tous leurs soins pour le trafic & la negotiatiō des choses terrestres, au lieu de l'employer pour DIEV, qui veut tout l'Esprit, tout le Cœur, tout le temps, & toutes les forces de ses chetiues Creatures. *Domum tuam decet Sanctitudo Domine. Psal. 92. 5.*

C'est donc pour cela que IESVS-CHRIST est venu en ce Monde : Il a voulu purifier le Cœur de l'Homme, le vuider de toute Creature, & reparer ainsi le premier mal-heur & desordre, où il estoit tombé par la misere du Peché, & par l'instinct du Diable. Delà vient qu'il a estably pour fondement capital de nostre salut la Sainte Pauureté, qui tend par sa nature à vuider le Cœur humain de tout ce qui le peut remplir hors de DIEV.

C'est pour ce suiet qu'il dit en son premier Sermon, & qu'il establit pour sa premiere maxime: *Bien-heureux sont les Pauures.* Pour apprendre aux Chrestiens que la Vertu de Pauureté leur est necessaire de la premiere & de la plus importante necessité.

<small>Beati Pauperes. Luc. 6. 20.</small>

Et pour leur faire connoître quelle est cette Pauureté, il dit: *Bien-heureux sont les Pauures d'Esprit,* C'est à dire, qui sont vuides en leur fond de toute possession des Creatures, & qui n'ont rien en leurs Cœurs qui tienne & qui occupe la place de DIEV, qui seul les veut remplir & occuper.

<small>Beati Pauperes spiritu. Matth. 5. 3.</small>

Hors

Hors de DIEV tout est phantôme, tout est imaginaire : Il n'y a qu'escorce & que superficie : DIEV seul est le solide bien ; & luy seul est toute la Vie fonciere & incorruptible de nos Ames.

Diuision de la Pauureté.

SECTION SECONDE.

IL y a deux sortes de Pauureté : L'vne Interieure ; l'autre Exterieure : L'vne qui regarde le denuëment du Cœur, qui doit estre vuide de tout desir & de tout amour des Creatures ; l'autre qui regarde le denuëment exterieur.

Ce dépoüillement Exterieur sans l'Interieur n'est point Vertu : Mais le denuëment Interieur auec la disposition au denuëment Exterieur, est la Vertu de la Pauureté, dont Nostre Seigneur parle dans l'Euãgile, lors qu'il dit : *Bien-heureux sont les Pauures d'esprit.*

Il veut par là apprendre aux

Chrestiens qu'ils doiuét estre dans la Pauureté, dans le denuëment & dans le dépoüillemét d'esprit, pour estre disposez au pur Amour de Dieu. Car il ne peut compâtir auec l'amour des Creatures : Il ne peut souffrir qu'on y ait la moindre attache : Il veut vn Cœur qui ne soit point remply, qui soit dégagé de tout, & qui soit vuide en toute l'étenduë de sa capacité.

De la Pauureté Exterieure.

SECTION TROISIESME.

IL y a trois sortes de Pauureté ; dont les deux premieres ont esté beaucoup en vsage dans l'Eglise de Dieu en son commencement.

La Premiere estoit de quitter tout son bien, & de le vendre. C'est ainsi que Nostre Seigneur le conseilla à quelque particulier dans l'Euangile. Et c'est aussi ce qu'il luy a plû de renouueller dans les derniers siecles en Saint Fran-

vade, vé- de quæ habes, & da pauperibus. Matth. 19.21.

çois, & en plusieurs autres Saints qui ont pratiqué la Pauureté en cette sorte.

La Seconde estoit de mettre tout son bien en commun. Ce qui estoit ordinaire parmy les premiers Chrestiens. Châque particulier se dépoüilloit de tout ce qu'il possedoit, & le donnoit à Dieu, afin qu'vn châcun en pût prendre selon ses besoins, & que toutes choses reuenantes à l'égalité, le Pauure en fut sustenté, aussi bien que le Riche.

La Troisiéme est de se dépoüiller de l'vsage du bien que Dieu nous a donné, quoy que la possession du fond nous en demeure. Et cette Pauureté se peut pratiquer auec grand aduantage. Car Premierement nous demeurons ainsi dans l'état où la Prouidence Diuine nous a mis. Secondement nous faisons vn bon vsage de ce qu'il luy a plû de nous donner, nous en seruans pour sa Gloire. Troisiémement nous poſsedons l'auantage de la Pauureté, qui eſt de n'auoir rien qui nous empeſche de vacquer à DIEV ſeul. C'eſt de cette Pauureté & de ces Pauures dont il eſt dit : *Bien-heureux ſont les Pauures en eſprit; parce que le Royaume des Cieux leur appartient.*

Beati Pauperes ſpiritu : quoniam ipſorum eſt regnũ cœlorũ. Matth. 5. 6.

De la Pauureté Interieure.

SECTION QVATRIESME.

LA Pauureté Interieure ne s'étend pas ſeulement au détachement des biens corporels, dont l'eſprit doit eſtre ſeparé, détaché Interieurement, & meſme tres-éloigné; Elle ne le met pas ſeulement en nudité de tous les honneurs, de toutes les richeſſes, & de tous les biens du Monde; mais encore elle le dégage de l'attache aux Dons ſpirituels de DIEV, au milieu deſquels il doit eſtre en nudité.

Il les doit conſiderer toûiours

comme appartenans & attachez à DIEV, de mesme que les rayons au Soleil; ou comme des Diamans & des Perles qui seroient appliquez sur vn habit. Comme le Maître ne les a fait mettre que pour rendre son vestement & plus éclatant & plus precieux, il a toûiours la puissance de les enleuer quand il luy plaist. Ainsi l'Ame en cette veuë en doit estre parfaitement degagée; Elle doit estre au milieu de tout sans y toucher aucunement, & sans que son cœur y prenne aucune part.

La Pauureté d'Esprit a trois Degrez. Le Premier est de nous voir en mendicité deuant DIEV pour tous ses Dons, estans nuds par nous-mesmes, & sans aucune grace; & de viure en esprit de Mendiāt pour estre reuétus de ses biés.

Le Second est de ne nous pas approprier les Dons & les Graces de DIEV, les considerans comme nostres, & comme vne chose qui seroit paſſée en noſtre Nature, lors que nous les poſſedons. Il faut les regarder comme vn Homme regarde l'habit qu'il porte. Il ſçait que ſon Corps eſt nud par ſoy-même, & dépourueu en ſoy des choſes qui ſeroient neceſſaires pour le mettre à couuert de l'incommodité des ſaiſons : C'eſt pourquoy il vit continuellement dans l'obligation de ſe vêtir, & dans la dépendance d'emprunter hors de luy ce ſecours & ce ſoulagement.

 L'Ame veritablement Pauure, quoy qu'elle ſoit reuêtuë & enrichie des Dons de Dieu, ſe conſidere toûiours deuant luy dans vne grande nudité. Car demeurant établie dans la connoiſſance de ce qu'elle eſt, quoy qu'elle ſoit poſſedée & reuêtuë de Dieu, elle ſe voit également en nudité par elle-meſme. Ainſi elle n'entre point en cóplaiſance pour ce qu'elle eſt; parce qu'eſtant toûiours la meſme dans ſon fond, elle ne s'eſtime point plus au milieu de tous ses Dons, qu'elle faisoit auant que d'en estre remplie.

L'Ame doit toũiours voir les Dons de Diev, comme émanás de luy seul, comme luy appartenans, comme estans ses dépendances & ses appanages, & comme ses rayõs qu'il fait luire sur nous, pour couurir à ses yeux nostre bassesse ; & pour se rendre nostre misere plus supportable.

Dieu est glorieux en nous de ce qui luy appartient; & luy seul doit estre estimé pour ce qu'il y a de bon dans les Hommes ; luy seul y doit prendre ses complaisances. Et si nous nous estimons en nostre fond pour des Dons qui sont en nous, dont la loüange doit estre donnée à Dieu seul, nous attirons & détournons sur nous la gloire qui luy est vniquement deuë. Ce qui est vne tres-grande iniustice: car à luy seul appartiennent les loüanges, que les Dons par eux.

mesmes rendent dans tout leur estre à sa Diuine Majesté.

Le Troisiéme Degré de Pauureté spirituelle, est de porter en nous les Dons de DIEV, & de garder ses Thresors dans les Coffres de nostre Cœur sans y oser toucher, & sans en faire aucun vsage par nous-mesmes, laissans à DIEV à nous mettre son bien dans les mains, & à prendre dans ses Coffres ce qu'il veut pour nous faire faire la dépense qu'il desire; afin qu'il soit luy-même l'Autheur & le Directeur de la dispensation de ses Graces.

Et non seulement nous deuons prendre garde à ne pas vser des Dons de DIEV pour nos interests temporels & grossiers, ou pour en acquerir de l'honneur ou de l'estime, ce qui seroit vn sacrilege infame; mais il faut mesme s'abstenir de toucher à ces Dons sacrez. Il les a mis en depost en nostre Ame, & nous deuons luy laisser le soin de nous prendre la main pour nous y faire prendre ce qui luy plaist, & le distribuer en son nom.

L'Ame humble secrete & fidele, à qui Nostre Seigneur a confié ses richesses, est vn Thresor seellé de sept seaux, que l'Agneau seul peut ouurir. C'est à luy seul à foüiller dans les Coffres où il a renfermé ses Thresors: C'est à luy seul à les ouurir; & par la splendeur de ses rayons par la clairté de ses Diuines Lumieres, en vn mot par la Vertu de sa Grace appliquer l'Ame à l'vsage qu'elle en doit faire.

Il ne fait pas comme les Rois de la Terre, qui se déchargent du soin de leurs Finances sur des Thresoriers qui en ont la Clef entre leurs mains, & à qui ils en laissent le maniement pour les dispenser cõme ils veulent. Il a luy-mesme la Clef de ses Coffres entre les mains, pour les ouurir quand il luy plaist.

Il est Oeconome Vniuersel; Il est Dispensateur general; Il est tout en tous; Il n'a que faire de supplement à sa presence ny à sa puissance: Car il est par tout, il peut tout, il voit tout; & il dispose toûiours en nous de ses biens selon sa Sagesse & son Amour.

Il veut donc que l'Ame presente à ses Thresors, demeure en cette retenuë, de ne toucher à rien; bien loin de fausser les Serrures, quand les Coffres sont fermez; c'est à dire, d'aller rechercher auec effort de memoire & auec violence, quelque chose en son fond que Dieu y auroit mis, & qu'il auroit enfermé à la Clef.

Mais quand même Dieu laisseroit les Coffres ouuerts, c'est à dire, quand nous aurions presentes toutes les Lumieres de Dieu & toutes ses Veritez, ce n'est point à nous d'y mettre la main, ny d'en prendre ce que nous voulons selon nostre gré.

Il faut regarder auec reuerence ses Dons & ses Thresors, comme luy appartenans, qu'il a mis en nous par vne misericorde infinie. Nous n'auions rien qui nous donnât sujet d'esperer cette grace: Nostre fond dans son impureté n'estoit pas digne de ses faueurs. Neāmoins par vne grace & par vn amour infiny, il a choisi ce lieu infame pour les mettre en dépost: Et comme il la fait seulement, parce qu'il luy a plû, c'est aussi à luy seul d'en vser en nous comme il luy plaist.

Dieu fait dans nostre Ame comme vn Maître dans son Champ, qui fait charier dans sa Terre des monceaux de pierres, & qui fait porter des materiaux çà & là, pour bâtir selon sa pensée & son allignemét. En vn lieu il en fait décharger plus qu'en vn autre, à cause de la grandeur du bâtiment, du pauillon, ou de l'edifice qu'il y veut éleuer: Et il faut que luy-mesme s'en serue selon son Plan.

Il faut qu'il mette en œuure ſes materiaux, & qu'il meine ſes Maſſons & ſes Manœuures, pour bâtir & trauailler ſelon le deſſein que ſouuent il leur cache : Et ſans leur en rien découurir, il forme petit à petit ſon bâtiment, il l'execute & l'accomplit ſelon l'idée qu'il en a dans ſon eſprit, & ſelon la ſageſſe qu'il porte au deſſus d'eux.

C'eſt ainſi que Dieu fait de ſes Dons. Ce ſont des materiaux qu'il iette en nous, comme dans vn Champ aueugle qui ne ſçait point le bâtiment que le grand Architecte & le Maître Ouurier y veut bâtir. C'eſt à nous de ſouffrir ſes Dons & ſes Preſens ; & c'eſt à luy de les mettre en œuure, & d'vſer de nos puiſſances qui doiuent fidellement cooperer à ſa grace pour bâtir en ſa vertu ſelon ſes deſſeins adorables, qui leur ſont inconnus.

Des Fondemens de la Pauureté.

SECTION CINQVIESME.

Nous sommes appelez pour estre participans de la Vie de DIEV en IESVS-CHRIST. Nostre vie comme la sienne est cachée en DIEV; qui la mettant en nous comme il la mise en son Fils, nous fait participans de ses dispositions, de ses sentimens & de ses Vertus.

DIEV est habitant en son Fils: en sa splendeur Diuine. Il est viuant en luy dans sa Majesté ; En sorte que rien n'approche de sa Gloire : Il est reuêtu d'vn éclat de richesses Diuines, auprès dequoy toutes choses ne sont que de la boüe & de la fange.

Lucem inhabitat inaccessibilem. 1. ad Tim. 6.16.

Toutes les richesses de la Terre ne sont que comme des haillons, en comparaison de la Gloire de DIEV: C'est pourquoy nous voyons que Nostre Seigneur apres son retour dans le Ciel, où il est entré parfaitement en la Grandeur de Dieu son Pere, est infiniment plus éloigné des secours de la Nature, qu'il n'estoit pendant sa Vie voyagere, où il souffroit quelques deniers entre les mains de ses Disciples, pour le soûtien & la conseruation de sa Vie, & pour le soulagement des Pauures.

Nostre Seigneur viuant en Dieu, & habitant interieurement en la splendeur de sa Gloire Diuine, n'a iamais pû auoir desir ny amour pour les richesses de ce Monde. Comme il estoit en son interieur participant de l'Estre de son Pere, & essentiellement riche de ses richesses Diuines, il ne pouuoit souffrir celles de la Terre: Tout luy paroissoit bas, & indigne de son estime.

Ainsi vne Ame retirée en Dieu, & reuêtuë des dispositions de Iesvs-Christ, trouuant en luy de si grandes richesses, ne peut auoir de goût pour les biens de la Terre: Et si elle en auoit la moindre estime, elle seroit semblable à vn Roy, qui n'estant pas satisfait de sa Gloire & de sa Majesté, rechercheroit dans la Bure d'vn Païsan ses richesses & sa brauerie.

Nous sommes donc obligez à la Pauureté & au détachement de tous les biens du Monde, à cause de ces richesses immenses & infinies que nous trouuons en DIEV. Auprès d'elles, toutes celles de la Terre ne sont rien, & dans la possession de DIEV nous les possedons toutes en eminence.

DIEV renferme tout en soy; il est la source & l'origine de tous les biens; il les possede tous degagez de l'imperfection & de la bassesse des Creatures. Il est par excellence toutes Richesses, toute Grandeur, toute Beauté, toute Splendeur: C'est pourquoy celuy qui est en DIEV, est hors de tout & possède tout.

Ainsi les Saints qui sortent du Monde, & qui apres la Resurrection habiteront en DIEV en Corps & en Ame, auront tout en luy ; & sans l'vsage d'aucune Creature, ils trouueront en luy leur Monde. Il ne se donnera plus sous la multiplicité des estres grossiers, qui se ramassent en l'Homme pour le maintenir & le conseruer en cette vie, mais il sera pour lors par luy-mesme la plenitude de leur besoin : Il les enuironnera, il les embrassera, il les abbreuuera de luy.

C'est l'auantage que DIEV nous fait goûter dés cette vie lorsque nous le possedons parfaitement. Car de mesme qu'vne Eponge qui est remplie d'eau, est tellement penetrée de sa substance en tout ce qu'elle est, que tous ses vuides en sont remplis ; Ainsi DIEV remplit tous les besoins & les desirs de l'Homme qui est en cét estat : Et il ne peut plus rien desirer, parce

Deus meus & omnia.

qu'il a vn DIEV qui luy est Tout.

Les richesses ne sont en ce Monde que comme l'ombre & la figure de DIEV. Elles contiennent en leur maniere toutes les Creatures en éminence, & les donnent à l'Homme pour ses besoins. En effet, nous les attirons toutes à nous par le moyen de l'Or & de l'Argēt; & ces metaux, qui par Prouidence Diuine, sont d'vn prix incroyable dans l'estime des Hommes, nous seruent à acquerir, à appeler & à tirer toutes choses à nous.

C'est pourquoy celuy qui est en DIEV, mesme dans la vie presente; & qui commence à le goûter, à se nourrit de luy, & à voir quelque éclat de sa Gloire & de sa splendeur Diuine, ne peut plus auoir ny estime, ny goût, ny ioye, ny desir, ny amour pour toute la bassesse des choses du Monde, parce qu'elles ne sont que figure & apparence; & on quitte aisément la figure quād on possede la verité.

Noſtre Seigneur en ce Monde eſtoit en iouyſſance & en poſſeſſion de Dieu : Il eſtoit abbreuué & raſſaſié en ſon Ame, de ce que Dieu eſt en luy-meſme; & comme il iouyſſoit en luy des veritables biens, il ne pouuoit auoir aucun deſir pour ce qui n'en auoit que l'écorce & la ſuperficie.

Il trouuoit en Dieu ſon Pere celuy qui rempliſſoit tous ſes deſirs. Ainſi il ne pouuoit rien deſirer de tout ce Monde bas & groſſier. C'eſt l'état & la diſpoſition dõt les Chreſtiens peuuent eſtre participans de cette vie; & que S. Paul deſiroit aux Fideles par ces paroles ; *Que Dieu rempliſſe glorieuſement tous vos deſirs en* Iesus-Christ *Noſtre Seigneur, ſelon l'étendüe de ſes Diuines richeſſes.*

Ce n'eſt pas pourtant que Noſtre Seigneur ne ſe ſoit ſeruy quelquefois des biens de ce Monde pour ſes neceſſitez, & pour le ſoulagement de ſes beſoins. Mais

Deus autem meus impleat omne deſiderium veſtrum, ſecundũ diuit as ſuas in gloria in Christo Iesu. *Ad Philipp. 4. 19.*

à la vie Chreſtienne. 283

quand il la fait, c'eſtoit pour en ſanctifier l'vſage, & pour apprendre aux Hommes, qui ont beſoin châcun en particulier pour ſe conſeruer en cette vie, de quelque partie de ces biens, depuis que le Peché leur en a oſté l'vſage commun, à poſſeder Saintement ce que la Prouidence leur met entre les mains par ſa Miſericorde.

C'eſt pourquoy encore que l'Or & l'Argét ſoient en eux-mêmes quelque choſe de tres-vil, tres-abjet & tres-groſſier; DIEV neanmoins a fait que dans l'état de miſere où l'Homme eſt reduit, il eût amour & inclination naturelle pour les poſſeder, afin qu'en ayant toûiours pour ſon vſage, il pût ſubuenir par là aux beſoins où il le laiſſe en ſuite du Peché.

C'eſt vne inuention de la Prouidence de DIEV, de laiſſer les Hommes dans cette inclination & ce deſir; de meſme qu'il laiſſe en eux l'appetit du boire & du manger, pour conseruer leur vie. Et ce desir des richesses, est vn desir tyran & famelique, fâcheux & inquiet, à cause qu'il est en l'Homme en suite du Peché.

Or les Ames de grace & bien vnies à Dieu, qui iouyssent de tout en luy, perdent le desir de ce Monde. Si elles en ont encore pour leurs besoins, c'est vn desir paisible, & souuent mesme il se trouue tellement mort en elles, qu'elles n'en ont pas la moindre pensée.

Les Ames Apostoliques qui viuent en Dieu dans les Communautez, ont l'auantage de pouuoir se dégager aisément de ces desirs & de ces soins, à cause qu'elles voyent Dieu present en elles, qui fournit suffisamment à leur necessité, & qui attire pour elles ce qui est necessaire pour le soulagement de tous leurs besoins. Leurs soins sont en Dieu mesme, lequel est tout pour eux, com-

à la vie Chrestienne. 285

me ils sont tout à luy, & qu'ils ne viuent que pour luy.

O que l'Ame ainsi appliquée à Dieu & viuante sans soucy, est heureuse en ce Monde ! Elle est seruante à Dieu, viuante à Dieu, appliquée à Dieu seul, pour qui elle trauaille incessamment ; & Dieu aussi de son costé est veillant sur ses besoins & sur sa vie. O qu'vne Ame qui sert ainsi à Dieu, & qui cherche son Royaume & sa Iustice, a de grandes asseurances !

Il n'y a rien de plus seur que la parole de Dieu : Elle vaut mieux que cent mille contracts : Elle ne peut estre faussée, ny alterée, ny disputée : Elle est preferable à toutes les rentes, à toutes les possessions, à tous les Thresors qui nous peuuent estre enleuez. Tout perira, le Ciel & la Terre passeront, mais la parole de Dieu ne passera iamais.

O bien-heureuse l'Ame qui peut comprendre la Verité de Dieu &

Cœlum & Terra transibūt, verba autem mea non præteribunt. Matth. 24.35.

sa Sainte Parole! O Ame Apostolique, qui vis du Saint Esprit, qui t'appuyes sur la Parole de ton DIEV, Tout-puissant, Tout-vigilant, Tout-amoureux! Pourquoy t'occuper d'autre chose que de DIEV? DIEV ne connoît-t-il pas tes besoins?

Les Gentils qui ne connoissent point d'Intelligence vniuerselle, qui veille sur les necessitez de tous, & dont l'Amour ne peut souffrir aucune indigence dans ses Enfans peuuent estre en peine, & trauailler auec sollicitude pour leur soulagement : Mais nous voyons que nostre Pere vit en nous, qu'il voit tous les besoins de sa Famille, qu'il sent l'affliction & l'indigence de ses Enfans. Pourquoy donc tant d'inquietudes & tant d'empressemens.

Scit enim Pater vester, quia his omnibus indigetis. Matth. 6. 32.

Il est bon, il est tendre, il est remply de charité, il ne s'épuise point en nous donnant ses biens, il ne reçoit d'aucun la liberalité

à la vie Chrestienne. 287

qu'il nous fait. Il n'est pas cõme les Peres, qui quoyqu'auares, quoy que pauures, quoy qu'ils s'appauurissent encore en donnant, & quoy que souuent mesme ils soiét peu touchez de la misere de leurs Enfans, ne sçauroient neanmoins leur refuser le secours qu'ils leur demandent. Pourquoy n'aurons-nous pas vne parfaite confiance en DIEV ? & pourquoy ne serons-nous pas comme Nostre Seigneur qui viuoit en paix & en repos sous la Prouidence de son Pere ?

si ergo vos, cum sitis mali, nostis bona data dare filiis vestris, &c. Matt. 7. 11.

Nostre Seigneur en ce Monde estoit en Pauureté perpetuelle, parce qu'il menoit vne Vie de Penitence. S'il reseruoit entre les mains de ses Disciples les aumônes qu'on luy faisoit, c'estoit vne marque de sa Penitence. Car reseruant ainsi la Charité & la Misericorde que DIEV son Pere luy faisoit par les Hommes, il croyoit qu'il deuoit garder auec reuerence ces Presens precieux, dont il s'estimoit indigne, se voyant chargé de nos Pechez; & il ne vouloit point les prodiguer, comme estant vne chose que Dieu son Pere ne deuoit point fournir à son estat; & dont il deuoit par consequent vser, sans en attendre d'autres qui ne luy estoient point deûs.

Le moindre bien qu'il receuoit en cette veuë de Penitence, estoit vn grand Thresor pour luy. Il ne voyoit aucun bien, aucune rente, aucune aumône qui luy fust asseurée: Et se voyant tres-indigne de la moindre Bonté de Dieu sur luy comme Penitent public, il viuoit en dépendance continuelle de la Misericorde Diuine.

En cette qualité, comme il tenoit la place de tous les Pecheurs, toutes choses luy deuoient estre ostées: Rien ne luy estoit deu. Il deuoit donc receuoir les moindres biens, comme de tres-grandes graces, auec des sentimens tres-profonds de son indignité, & auec
tres-

tres-grâde estime & reuerence de la Misericorde de DIEV son Pere.

Il deuoit porter la priuation de tout secours & de toutes richesses, puis qu'il faisoit Penitence pour tant d'Auares & de Richards, & pour le luxe & les excés commis par tous les Hommes. Sa nudité & le dépoüillement honteux de tous ses vestemens, fut la peine de ces habits si riches & si somptueux, dont les Hommes se parent auec excés & vanité. Sa Creiche & son Estable, sa paille & son fumier, furent la peine de tant de maisons si riches, si bien dorées & azurées, & si superbement meublées. Et la sainte dureté de sa Croix où il repose en sa Mort, est la peine de tant de lits superbes, où se commettent tant de mollesses & tant d'impuretez dont le Siecle est remply.

Les Penitences sont établies dans l'Eglise, pour continuer la Sainte Penitéce de IESVS-CHRIST;

& les Ames Saintes qui y sont particulierement appelées, doiuent être les Victimes pour les Pechez du Monde, & satisfaire à DIEV en l'Esprit mesme de IESVS CHRIST. Ils doiuent donc en luy estre Pauures, faisans Penitence pour les Pechez qui regnent sur la Terre; Ils doiuent s'opposer au luxe, & gemir pour cela sur le bois & sur la paille, se contentans des chambres & des meubles les plus pauures, & des vestemens les plus mediocres, pour faire la leçon au Siecle en la vertu de IESVS-CHRIST, qui doit en nous l'éclairer & luy montrer son deuoir & sa vie.

Motifs de la Pauureté.

SECTION SIXIESME.

1. LE Cœur remply des Creatures, & particulierement des Richesses est toûiours inquiet. C'est pourquoy le Fils de DIEV cōpare en l'Euāgile les Richesses

à des Epines, qui le tourmentent & ne le laissent jamais en repos.

2. Vn Cœur remply de cét Amour, est appesanty vers la Terre, & détourné du Ciel.

3. Dieu ne le remplit point de soy; il luy est mesme à charge & à dégoût.

4. *Il tombe*, comme dit S. Paul, *dans les embusches du Demon*; Et se laissant aller à ses propres desirs, il s'opiniâtre dans ses attaches, qui le précipiteront dans vne perte asseurée.

5. L'Ame tost ou tard sera détachée & separée de tout, & la Iustice de DIEV luy fera quitter vn iour par force, ce qu'elle n'aura pas voulu quitter icy par amour.

6. Les Chrestiens doiuent estre morts à tous les desirs du Siecle, & ils ne doiuent non plus agir selon ses sentimens, que s'ils n'en auoiét point. Il faut donc qu'ils étouffent tous les desirs grossiers des choses extérieures de ce Monde, &

Qui volūt diuites fieri, incidunt in tentationem, & in laqueum Diaboli, & desideria multa inutilia, & nociua, quæ mergunt homines in interitum, & perditionem. 1. *ad Tim.* 6. 9.

Mortui estis. Ad Col. 3. 8.

toute l'affection qu'ils pourroient auoir pour les Richesses de la Terre.

7. Les Chrestiens doiuent viure cóme l'on vit dans le Ciel: Or dans le Ciel, on est deliuré de tous les sentimens de la Chair d'Adam; on ne vit plus que dans les inclinations & dans les sentimens de l'Esprit; on est dégagé de toute attache aux Creatures; En vn mot on est auec IESVS-CHRIST & auec tous les Saints, retiré en DIEV, & separé de tout.

vita vestra est abscondita cū CHRISTO in DEO. Ad. Col. 3.3.

DIEV en luy-mesme, en IESVS-CHRIST, & en ses Saints, est le modelle de nostre Vie: Or il est parfaitement Saint & separé de tout. Et c'est ce qui est necessaire aux Chrestiens, s'ils veulent estre éleuez à DIEV dés cette vie, comme on l'est en Paradis: Il faut qu'ils se détachent par le moyen de la Sainteté, & d'eux-mesmes & de toute Creature.

Il faut aussi que l'esprit soit separé de l'Ame, qui de foy est portée & inclinée par sa vie Charnelle à toute la Creature, afin que nos facultez superieures, dans lesquelquelles resident toutes les operations principales de l'Esprit interieur & Divin, ne soient point appesanties par le poids & par l'inclination de la portion inferieure, toute abbreuuée de la Chair & de sa vie grossiere, animale & terrestre; & qu'ainsi elles séleuent à DIEV sans resistance & sans empeschement.

Il faut donc que nostre esprit & nostre volonté se guerissent de toute attache à la Creature telle qu'elle soit, & qu'ils soient ainsi libres, denuez & degagez de tout.

Pour cét effet, nous deuons prendre les aîles de la Contemplation des veritez Diuines, & du Saint Amour de DIEV, qui nous éleuent & nous fassent voler, afin d'empécher par ce mouuement Diuin, la cheute que la pesanteur

Quis dabit mihi pennas sicut Columbæ. Ps. 54. 7.

N iij

de la Chair nous cauſeroit. Et cõme nous auons toûiours en cette vie ce poids miſerable qui nous attire, nous deuons auſſi nous éleuer toûiours à DIEV en la vertu du Saint Eſprit.

Autres Motifs de la Pauureté.

SECTION SEPTIEME.

1. DIEV eſt noſtre veritable & noſtre vnique bien. Il eſt le bien vniuerſel en ſoy, qui remplit & qui comble tous les deſirs de ceux qui le poſſedent.

Les Perſonnes adorables de la tres-Sainte Trinité ſont infinimét riches & heureuſes en la poſſeſſion de l'Eſſence Diuine. Les Anges & les Saints du Ciel dans leur vaſte capacité, ſont parfaitement ſatisfaits en leurs deſirs dans la poſſeſſion de DIEV. Et il en eſt de meſme des Iuſtes ſur la Terre, qui étans remplis de la ſurabondance de DIEV, ſont pleinement contens & rassasiez dans sa iouyssance.

DIEV est tellement nostre bien, qu'il est tout nostre bien; & la moindre possession de luy, nous rassasie plus & nous contente plus que tous les biens du Monde. Ce sont des biens qui n'ont rien de solide qui puisse remplir le Cœur humain. Car comme il est nay pour DIEV, qui seul est son veritable bien; il ne trouue hors de luy que vacuité, que vanité, & que mensonge: Luy seul donc le peut rassasier parfaitement.

DIEV est si parfait, & renferme en soy auec vne telle eminence & plenitude tous les auantages de sa Creature, que sa moindre possession & iouyssance nous fait goûter toute sorte de biens; en sorte que ceux qui le possedent, soit sur la Terre, soit dans le Ciel, y trouuent toute leur ioye, tout leur contentement, tout leur repos & leur beatitude.

C'est ce que Nostre Seigneur nous veut donner à entendre dans l'Euangile, lors qu'il dit; Que si nous sômes Pauures de Cœur, c'est à dire, separez de tout, à nous appartient le Royaume du Ciel, qui est Dieu mesme, renfermant en soy la plenitude de tous les biens.

Le Fils de Dieu n'est pas seulement décendu du Ciel, & venu sur la Terre pour nous separer des biens du Monde; mais encore pour nous en procurer de veritables par la priuation de ceux qui n'en ont que l'apparence.

C'est pourquoy les Enfans de la Foy ne peuuent plus s'attacher, ny mesme enuisager auec amour les choses visibles de ce Monde; pource que la Foy, qui est le principe de leur conduite & de leur vie, les porte aux choses inuisibles, & fait qu'ils les aiment vniquement.

Les Enfans de la Foy sont morts aux Sens & à la Generation de leur premier Pere: Ils ne peuuent donc

à la vie Chrestienne. 297

plus s'attacher à la Terre; Ils ne peuvent plus s'amuser aux Creatures: Ils ne peuvent plus aimer ce Monde, qui a esté fait pour Adam, & destiné pour ses Enfans.

La Foy leur fait voir DIEV comme le seul, l'vnique & le souuerain bien caché, en tout ce qui paroît: Elle leur fait regarder toutes choses dans la verité & dans leur fond, qui est DIEV seul; Et elle les oblige de dire à toutes les Creatures; Vous n'estes que mensonge: Et à DIEV; Vous estes toute ma Verité, qui détruirez vn iour toutes ces figures, pour paroître vous seul le Monde des Fideles.

DIEV n'est pas seulement le veritable & l'vnique bien qui peut orner & enrichir les Hommes; mais il veut encore se donner aux Chrestions qui sont separez de tout. Il s'estoit autrefois donné à Adam sous toutes les Creatures; mais voyant qu'elles luy seruoient d'amusement, & que cét estat étoit perilleux pour les Hommes, il s'est denué & dépouillé de tout, pour se donner luy seul à posseder aux Ames dans le Christianisme.

C'est pourquoy il veut que les Chrestiens se contentent de luy tout nud ; & qu'ils aillent à luy comme il se donne à eux, en nudité parfaite ; n'ayans que la seule Foy qui leur serue pour l'embrasser & pour le posseder.

Cét estat est l'estat le plus Saint qui puisse estre ; à sçauoir de posseder DIEV en soy tel qu'il est sans aucun amusement, & sans aucun milieu qui nous arreste, ou qui puisse mettre obstacle & nous donner le change. DIEV nous remplit pleinement en cét estat, & nous rassasie sans dégoût & sans vuide.

Comme dans le Ciel, DIEV se donne à posseder aux Saints sans milieu & sans figure : Ainsi il veut que l'Ame du Chrestien soit vuide de tout, & denuée de tout estre creé; & qu'elle soit disposée pour le receuoir en nudité interieure, & en Pauureté d'esprit. O qu'heureuse est l'Ame qui connoît & qui goûte Dieu en cét estat! O qu'heureux est l'Estat des Chrestiens, qui tous sont appelez à cette grace!

2. Les Chrestiens ne sont pas de ce Monde. Comme le Baptême les met dans vne autre Generation, il les transplante aussi dans vn autre Monde; il les fait Citoyens d'vne autre Ville, il les met dans vn autre Royaume. *De Mundo non estis. Ioan. 15. 19.*

Ce Royaume est le Royaume de Dieu, où l'on est introduit par la Foy, qui montre d'autres Richesses à posseder, vn autre Roy à seruir & honorer; d'autres plaisirs à prendre, vne autre Terre à demeurer, vn autre Air à respirer, vne autre Lumiere à nous conduire.

Or le premier article & la

première des conditions requises pour entrer dans ce Royaume est la Pauureté : *Bien-heureux sont les Pauures d'esprit, parce que le Royaume des Cieux leur appartient.*

Le grand Roy de ce nouueau Monde est Iesus-Christ, lequel est Pauure. Les Princes de sa Cour, qui sont les Saints Apostres, sont Pauures. La Maîtresse & la Reine, qui est la Sainte Vierge, est Pauure. Tous les Courtisans & tous les Bourgeois y sont Pauures. Les Anges mesme y sont tous denuez : Que seroit-ce de voir vn Riche au milieu de tant de Pauures ?

Si dans la Cour où tout le monde est Riche, il paroissoit vn Pauure, il y seroit odieux, & en seroit chassé. De mesme dans le Royaume de Iesus, où tous les Courtisans sont Pauures, vn Richard n'y peut entrer ny se presenter à la porte, sans en estre chassé ou rebuté honteusement.

Qui non renuntiat omnibus, quæ possidet, non potest meus esse discipulus. Luc. 14. 33.

à la vie Chreſtienne. 301

Noſtre Seigneur chaſſe de ſon Feſtin celuy qui n'eſt pas reuêtu de ſa Robe nuptiale, & le iette pieds & mains liés dans l'Enfer. La Robe nuptiale eſt la Sainte Pauureté: Ce ſont les liurées de l'Epoux.

Luy-meſme declare que les Riches ne peuuent eſtre receus & admis en ſon Feſtin ny en ſon Royaume: *O qu'il eſt difficile que les Riches entrent dans le Royaume des Cieux.* Le Richard dont il eſt parlé dans l'Euangile n'y peut eſtre admis; mais les Pauures y ſont receus auec le Lazare; Car à eux appartient le Royaume des Cieux.

Quam difficile, qui pecunias habent, in regnum Dei intrabunt. Luc. 18. 24.

Le Royaume de Iesvs Christ n'eſt pas de ce Monde. Icy on eſtime heureux les Riches; *Beatum dixerunt populum cui hæc ſunt:* Mais dãs le Royaume de Iesvs-Christ; *Beati Pauperes*; Bien-heureux ſont les Pauures. Le Royaume du Monde eſt vn Royaume de Theatre; mais celuy de Iesvs-Christ eſt veritable, & on y regne eternellement.

Pſal. 143. 15.

Matth. 5. 3.

Du mal de la Proprieté.

SECTION HVICTIEME.

IL n'y a rien plus contraire au Christianisme que la Proprieté. Car le Christianisme prend son origine en IESVS-CHRIST, qui forme ses Membres sur luy, lequel estant Homme, est étably & transferé en la Subsistance du Verbe.

Insertus es in bonâ Oliuam. Ad Rom. 11. 24.

C'est pourquoy l'Esprit du Christianisme, veut que les Chrestiens soient transplantez & transferez de la tige d'Adam sur le Verbe Incarné, & qu'estans viuifiez par luy & soûtenus sur luy, ils ne soient plus en eux-mesmes, ils ne viuent plus de leur propre vie, & n'operent plus qu'en luy seul.

Si quis in me non manserit; mittetur foras sicut palmes, & arescet, & colligent eum, & in igne mittent, & ardet. Si manseritis in me, & verba mea in vobis manserint, quodcũque volueritis petetis, & fiet vobis. Ioan. 15. v. 6. & 7.

Il ne faut donc rien auoir tant en horreur que la Proprieté, qui nous priue de la plenitude du Verbe, de la Vie & de son Operation, & qui nous tient dans ce Corps admirable comme des Membres inutiles qui ne sont propres à aucun bien solide & véritable: Ou au contraire dans l'abnegation de soy-mesme, suiuie de l'établissement en IESVS-CHRIST, on est tout, & on peut tout en DIEV.

C'est pour cela que Nostre Seigneur a mis l'Abnegatiō dans son Euangile, pour le premier pas qu'il faut faire dans la vie Chrestienne. *Si quelqu'vn veut venir apres moy, qu'il renonce à soy-mesme;* parce que cette Proprieté & plenitude de soy, bouche l'entrée à IESVS-CHRIST en nous, & à la plenitude de sa Vie Diuine, & est vne source intarissable de tous maux & de tous Pechez.

Adam qui dans l'estat d'Innocence n'estoit point à soy, mais tout à DIEV, s'est rendu par le Peché Proprietaire, & Pere de tout Peché. Ainsi ayant transmis aux Hommes & le Peché & la Proprieté, ils trouuent en elle la source de tous leurs vices & de toutes leurs difformitez.

La Proprieté est vn Monstre horrible & vne Mer affreuse de tout Peché ; comme l'Abnegation est l'abregé de la Perfection, & le Principe de la Vie & des Vertus Chrestiennes.

Celuy qui est en Abnegation de soy ne tient plus à rien. Il n'a plus de prudence humaine, ny de fausse sagesse : Il n'a plus de propre desir, ny de propre vouloir : Il est maniable, pliable & docile sous les loix de l'Esprit : Il est abandonné à sa Sainte conduite & à son Diuin mouuement : En vn mot il entre dans le regne & dans la domination de DIEV.

Des effets de la Proprieté & de l'Abnegation.

SECTION NEVVIEME.

Proprieté.	Abnegation.
1. Le Proprietaire demeure en soy.	1. Le Chrestien sort de soy.
2. Le Proprietaire est plein de soy.	2. Le Chrestien est vuide de soy.
3. Le Proprietaire se confie en soy, & s'appuye sur soy mesme.	3. Le Chrestien se défie de soy, & se confie en IESVS-CHRIST.
4. Le Proprietaire s'occupe toûiours de soy.	4. Le Chrestié s'oublie toûiours soy-mesme.
5. Le Proprietaire s'estime.	5. Le Chrestien se méprise.
6. Le Proprietaire veut paroître & se produire.	6. Le Chrestien se retire & se cache.
7. Le Proprietaire	7. Le Chrestien se

Abnegation.	*Propriété.*
confond dans les loüanges, & les fuit.	est rauy des loüanges, & les cherche.
8. Le Chrestien ne parle iamais de soi.	8. Le Proprietaire parle de soy.
9. Le Chrestien se réioüit de la loüange que l'on donne au Prochain : Il raconte auec plaisir ses perfections, & les exalte.	9. Le Proprietaire souffre auec peine la loüäge que l'on dóne au Prochain : Il ne parle point de ses perfections, ou s'il en parle, il les diminuë.
10. Le Chrestien cede facilemét à son frere, & se soûmet librement à tous.	10. Le Proprietaire ne peut souffrir d'estre contredit, & ne peut ceder à personne.
11. Le Chrestien se méfie toûiours de son iugement ; Il honore les sentimens d'autruy, & y est condescendant.	11. Le Proprietaire est arresté à son sens & à son iugement ; Il méprise tout cóseil, & n'a deference que pour le sien.

à la vie Chrestienne.

Proprieté.	Abnegation.
12. Le Proprietaire agit en soy & en sa propre vertu, sans faire aucune attention à son infirmité.	12. Le Chrestien agit en la veuë de son neant, en s'vnissant à la Vertu de Iesvs-Christ
13. Le Proprietaire agit auec indépédance, & suit toûiours sa propre volonté.	13. Le Chrestien agit toûiours auec dependance, & suit la volonté de Iesvs-Christ en ses Superieurs.
14. Le Proprietaire, regarde, veut, & attire tout pour soy, & ne desire du bien qu'à soy-même.	14. Le Chrestien ne veut rien pour soy, & ne desire du bien qu'à son Prochain.
15. Le Proprietaire agit en tout pour soy.	15. Le Chrestien agit en tout pour Dieu.
16. Le Proprietaire aime en tout, & cherche par tout son plaisir & sa propre satisfactió	16. Le Chrestien aime en tout, & cherche par tout la separation de soy-mesme.

Abnegation.	Proprieté.
17. Le Chrestien est libre & degagé de tout.	17. Le Proprietaire est attaché à tout.
18. Le Chrestien est commun en l'exterieur & en l'interieur.	18. Le Proprietaire est singulier en tout.
19. Le Chrestien est bien auec tous.	19. Le Proprietaire est mal auec tous.
20. Le Chrestié s'estimant moins que tous, est rauy d'estre auec tous, comme le plus petit de tous, sans penser si on le voit, si on l'estime, ou si on l'aime.	20. Le Proprietaire s'estimant plus que tous, se retire de tous, & se plaist à demeurer en soy-mesme, & auec ceux qui l'estiment & l'approuuent.
21. Le Chrestien est détaché de tout le Monde, & cherche à donner & à porter tout le Monde à IESVS-CHRIST dans	21. Le Proprietaire attache le Monde à soy, & amplifie sa Proprieté, faisant vn auec soy tous les autres, & les dé-

Proprieté.

tachant de tous les autres par amour de soy-même.

22. Le Proprietaire veut remplir le cœur & l'esprit de toute Creature de soy.

23. Le Proprietaire veut biē estre deuot dans la consolation, dans l'abondance, dans l'estime ; mais il quitte tout lors qu'il se trouue dans la desolatiō, dans la secheresse, & dans le mépris.

24. Le Proprietaire veut toūiours cōmander, & parle auec empire à ses

Abnegation.

l'ordre de la Societé.

22. Le Chrestié veut remplir tout le Monde de l'amour & de la cōnoissance de Iesvs-Christ.

23. Le Chrestien est egal en la secheresse & en l'abōdance, dās le mépris & dans l'estime : en quelque état qu'il se trouue, il ne pense & ne s'occupe que du seruice de Iesvs-Christ.

24. Le Chrestié veut toūiours obeyr ; il parle auec respect & auec

Abnegation.

douceur à vn chacun qu'il regarde cóme son Superieur.

25. Le Chrestien ne veut rien que le moindre & le plus simple en toutes choses.

26. Le Chrestien ne veut pas mesme paroître l'Autheur du bien qu'il fait, & en reiette la gloire sur les autres.

27. Le Chrestié trauaille toûiours à ouurir les yeux au Monde pour luy découurir que Dieu est l'Autheur de tout bien; Ainsi il tâ-

Proprieté.

freres, & ordinairement à haute voix.

25. Le Proprietaire veut pour soy le plus excellent, soit en habits, nourriture, logement, &c.

26. Le Proprietaire veut paroître l'Autheur de toutes choses, & veut que la gloire luy en soit vniquement renduë.

27. Le Proprietaire veut paroître auoir part à tout, Il trauaille & cherche dans son esprit le moyen de le persuader pour s'établir dās

Proprieté.	Abnegation.
l'estime du Monde.	che à s'aneantir par tout en sa presence.
28. Le Proprietaire est toûiours agité, troublé & inquieté; toûiours empesché & embarassé; toûiours timide, leger, & inconstant.	28. Le Chrestiē est toûiours égal & tranquile, toûiours en paix, courageux & cōstant, toûiours libre, & prest à tout faire.
29 Le Proprietaire est ordinairemēt triste, couuert, réveur & retiré.	29. Le Chrestien est ioyeux, ouuert, & a l'esprit dégagé de toute réverie.
30. Le Proprietaire entre en mauuaise humeur à la moindre parole; il se choque de tout, & soubçonne que tout se fait & se dit par rapport à luy.	30. Le Chrestien ne se fâche de rien; il souffre tout sās que son Cœur s'altere, & ne pēse iamais que l'ō s'occupe de luy, ny que l'on ait dessein de l'offenser.

Abnegation.

31. Le Chrestié qui ne regarde point les choses par rapport à luy-mesme, mais à DIEV demeure vny à luy en tout; & par consequét il est toûiours égal en toutes sortes de rencontres.

Proprieté.

31. Le Proprietaire entre en excés de ioye dans le succez de son amour propre & de sa superbe; Il change, & n'est pas reconoissable selon les differens accidens qui luy arriuent.

De

De la Chasteté.

CHAPITRE XII.

LA Chasteté est vne participation de la Substance de DIEV Spirituelle & simple, mais éclatante en beauté. Vne Ame chaste, est vn Ange: D'où vient que Nostre Seigneur dit, que dans le Ciel on y sera comme les Anges.

Sicut Angeli Dei. Matth. 22. 30. Æquales Angelis sunt, & filij sunt Dei, cùm sint filij resurrectionis. Luc. 20. 36.

Vne Ame chaste, est vne Ame qui est ressuscitée en Esprit, & qui est de la Nature mesme de IESVS-CHRIST ressuscité, qui n'a plus rien de la pesanteur & de la grossiereté de la Chair, & qui est Spirituel comme vn Ange, & Diuin comme DIEV son Pere.

Elle entre auec luy dans sa parfaite Sainteté, & dans toutes ses qualitez Diuines, qui changét son fond, & luy donnent les mesmes inclinations & sentimens, dont le Fils de DIEV est remply dans l'eſtat de ſa Reſurrection.

C'eſt vne choſe merüeilleuſe qu'vne Creature groſſiere, comme l'Hôme puiſſe poſſeder cette grace, meſme dés cette vie, d'eſtre ſemblable à vn Ange, & de pouuoir entrer dans vne telle participation de Dieu : Mais ce n'eſt qu'apres auoir long-temps, fortement & fidellement combattu en l'Eſprit de Noſtre Seigneur.

L'Amour charnel eſt vne des plus grandes maladies de l'Ame. Toute Ame qui ſe laiſſe aller à cét amour brutal, n'eſt plus vne Ame; mais vne puante Charongne qui n'eſt plus en eſtat d'agir, & qui eſt ſeulement capable de corrompre & d'infecter tout ce qui s'en approche.

Son infection eſt ſi grande, que l'on n'y peut trouuer de remede aſſeuré que dans la fuite. C'eſt vn venin qui ne perd pas ſeulement celuy qui en eſt empoiſonné, mais encore quelquefois celuy qui penſe y apporter le remede.

à la vie Chrestienne.

Remedes contre les Tentations d'Impureté.

SECTION VNIQVE.

IL faut Premierement que la Personne qui souffre ces sortes de Tentations, ait vne bonne volonté de se conuertir, & de se retirer de cét estat tres-perilleux. Or elle paroît estre dans cette bonne volonté, lors qu'elle embrasse volontiers les Penitences qu'on luy propose. Et pour lors on doit agir en confiance, & luy donner tout ce qui est conuenable pour l'aider à se guarir.

Secondement il faut vn bon Directeur qui examine en DIEV la cause de ce Mal. Ie dis en DIEV; Car qui voudra porter remede aux Ames en son propre esprit & en sa propre force, leur nuira beaucoup, & les priuera des seruices qu'il leur pourroit rendre vtilement, & des lumieres que DIEV luy communiqueroit pour leur soulagement, s'il se conduisoit par son Diuin Esprit.

On ne doit iamais s'ingerer de secourir les Ames, qu'en Esprit d'aneantissement, de separation de son Sens, & d'inuocation de l'Esprit pour agir en sa sainte lumiere, & dans le mouuement de sa veritable conduite.

Le Directeur ainsi disposé, doit regarder l'origine de ce Mal ; & examiner s'il vient de la Nature, du Demon, ou d'vne conduite de DIEV particuliere.

Si c'est la Chair seule qui tente par la violence du sang, & par la plenitude des humeurs, on peut soulager ce Mal par les remedes exterieurs, par les rafraîchissemens, par les saignées, par les ieûnes, & par d'autres voyes semblables.

Que si ces Tentations viennent de la part du Demon, il faut auoir recours aux remedes interieurs; &

les ioindre aux exterieurs: *Car cette sorte de Demon ne se chasse que par l'Oraison & par le Ieusne.* Le mot d'Oraison se prend icy pour tout exercice d'esprit, & d'eleuation vers DIEV: Et celuy de *Ieusne* comprend tout ce qui sert à l'abbattement du Corps; parce que cét abbattement est particulierement operé par le Ieûne.

<small>Hoc genus non eiicitur, nisi per Orationē & Ieiunium. Matth. 17.20.</small>

C'est pourquoy Nostre Seigneur dit dans l'Euangile, qu'il faut adorer DIEV en esprit & en verité, pource qu'il faut ioindre l'esprit à la Mortification & au Sacrifice réel & veritable de la Chair.

Que si ces Tentations naissent de la conduite particuliere de DIEV, qui les permet dans l'Ame pour la punir de quelque vice, il faudra exercer ces Ames à deraciner les vices qui regnent en elles, & qui en sont la cause.

Par exemple, vne Ame sera Superbe interieurement, & s'estimera à cause de sa Science, de sa Pieté, ou de quelques autres Dons de Dieu. Quelquefois mesme elle sera dans vne certaine suffisance de croire qu'elle peut resister d'elle mesme au Peché, & particulierement à celuy de la Chair.

Pour lors Dieu, qui ne peut souffrir la Superbe dans vne Ame, l'humilie iusques au bout; & ialoux de luy faire reconnoître sa foiblesse, qu'elle n'a aucun pouuoir d'elle-mesme pour resister au mal & pour se maintenir dans le bien, & que toute la vertu & la puissance de le faire, ne vient que de sa pure grace, il permet qu'elle soit trauaillée de ses horribles Tentations, & quelquefois mesme qu'elle y succombe, parce qu'elles sont les plus honteuses de toutes, & qu'elles laissent apres elles vne plus grande confusion.

Saint Paul dans l'abondance des Dons de Dieu qu'il auoit receus, a esté preservé contre la Vanité par ces Tentations. Car il dit; *Que l'aiguillon de la chair luy auoit esté donné, de peur que la grandeur de ses reuelations ne l'éleuât.* Et il exprime par le mot de *Soufflets* l'affliction qu'il en receuoit, pour faire connoître la bassesse de ces atteintes honteuses, & que cette voye dans les desseins de DIEV est extrememement humiliante.

Quand donc le Directeur trouue vne Ame ainsi suiette à la Superbe, il faut qu'il trauaille à l'humilier & à l'aneantir en Nostre Seigneur : Il faut qu'il l'exerce à la connoissance de son neant & de sa foiblesse ; & qu'il se contente de cét Exercice interieur qui luy ostera peu à peu sa Maladie.

Or il me semble que la conduite de cét Exercice & la composition de ce remede interieur, dépend particulierement de deux ou trois Actes, qu'il faudroit que l'Ame fit en Esprit, & qu'on pourroit

Ne magnitudo reuelationum extollat me, datus est mihi stimulus carnis meæ, angelus Satanæ, qui me colaphiset. 2. Ad Cor. 12. 7.

luy proposer en cette sorte.

Aussi-tost que l'Ame se sent tentée d'Impureté en quelque temps que ce soit, soit le iour ou la nuit, elle doit d'abord se ietter à genoux, & leuer les mains au Ciel pour inuoquer l'assistance de DIEV.

Ie dis qu'il faut leuer les mains au Ciel, non seulement à cause que cette posture prie d'elle-mesme aupres de DIEV, sur tout quand la disposition de l'Esprit y est iointe, mais encore parce qu'il luy faut donner pour Penitence expresse, de ne se toucher iamais pendant ce téps, & de souffrir plûtost tous les martyres interieurs, & toutes les gehénes de la Chair, & mesme du Demon, que de se toucher. Ce Mal a ses gehennes & ses martyres, particulierement quand le Malin s'en mesle.

Or le Premier Acte que l'Ame doit produire en cét estat, est vn Acte d'Humilité, s'écriant à DIEV;

Mon Dieu, Ie ne suis rien; Ie ne suis que Poudre & Cendre; *Pulvis & Cinis*: Ie ne suis qu'vn Ver de Terre; *Vermis, & non Homo*: Ie ne puis me defendre sans voſtre secours, ô mon Dieu. C'eſt auec juſtice que ie ſouffre cette violence; *Domine vim patior*: C'eſt vne juſte punition de mes Pechez; *Iuſtè pro peccatis noſtris patimur*.

Pſal. 21. 7.

Le Second Acte, eſt de ſe retirer interieurement en Iesvs-Christ, pour trouuer en luy la force de reſiſter à la Tentation, & pour augmenter la Vertu contre laquelle nous ſommes tentez, & que Noſtre Seigneur connoît eſtre foible en nous. Il veut que nous ſoyons tentez, afin qu'eſtans auertis par cette voye de noſtre infirmité, & du beſoin que nous auons de ſon ſecours, nous nous retirions en luy, pour y puiſer la force qui nous manque.

Le Troiſiéme Acte que l'Ame doit produire, eſt de renoncement

& de separation de tout ce qui se passe en elle contre sa volonté. Et aprés auoir employé toutes sortes de voyes pour resister à ces Tentations, elle peut sans se troubler demeurer soûmise à la Iustice de DIEV, pour endurer cette peine & cette affliction en châtiment de ses Pechez.

Virtus in infirmitate perficitur.
2. ad Cor. 11. 9.

C'est ainsi que nostre Ame se perfectionne, & qu'elle se fortifie en la Vertu, dans le temps mesme qu'elle souffre de plus grandes infirmitez, & qu'elle ressent de plus grandes foiblesses ; parce que la veuë de son impuissance l'obligeât de recourir à IESVS-CHRIST, elle trouue en luy toute sa Force & toute sa Vertu.

Vn autre remede excellent contre ces Tentations, est l'exercice de l'esprit ; non seulement pour chercher en DIEV la force qui nous est necessaire, mais aussi parce qu'il faut occuper nôtre esprit, afin d'oster ce vuide dôt se sert le Malin pour s'insinuer dans nostre Cœur.

Or afin d'occuper vtilement noſtre eſprit, il faut l'exercer à l'aneantiſſement deuant DIEV, & à la reconnoiſſance du peu de pouuoir que nous auons par nous-mêmes de reſiſter au Peché; Aduoüans que le ſeul Eſprit de DIEV nous en peut preſeruer, que c'eſt à luy ſeul à nous en defendre, & qu'en luy ſeul nous trouuerons noſtre ſeureté & noſtre vie.

La Chair par elle-meſme eſt toute portée au mal, & particulierement à l'Impureté; Et le ſeul Eſprit de DIEV regnant en nous, nous peut empécher de conſentir aux ſentimens qu'elle nous donne.

C'eſt pourquoy nous deuons reconnoître que la Chaſteté eſt vn Don de DIEV, que nous tenons de ſa pure Bonté; Et nous deuons luy abandonner le ſoin de nous diſſuader le Peché, d'en éloigner noſtre Ame, & de la tenir en luy dans l'horreur de ce Monſtre. Il faut estre en cela entierement a-bandonné à DIEV, & ne rien presumer de soy ; Autrement c'est tout perdre.

Il faut aussi fuir soigneusement les occasions d'irriter en nous le Peché. Car autrement nous faisons paroître trop de confiance en nous, nous demeurons dans le mensonge & dans l'illusion, qui nous persuadét qu'il y a encore en nous pouuoir de resister au mal ; & nous exposans au peril & au danger des occasions, nous meritons que DIEV nous laisse à nous-mesmes, & qu'il nous fasse par cét estat experimenter nostre foi-blesse.

Il est asseuré qu'aussi-tost que nous serons laissez à nous, nous tomberons, à moins que DIEV nous soûtienne par vne Bonté toute particuliere. Cette Bonté nous fera reconnoître, que c'est en luy seul que nous auons esté main-tenus ; mais il ne continuëra pas de le faire, si nous ne nous retirons de l'occasion du Péché.

Que si apres auoir éuité les occasions, la Tentation continuë, la vraye maniere de la combattre & d'en estre victorieux, est comme nous auons dit, de se retirer interieurement en IESVS-CHRIST present à l'Ame, qui prend plaisir à nous reuêtir de sa Vertu quand nous entrons en luy.

Cette maniere de combattre, qui monstre nostre infirmité & la confiance que nous prenons en IESVS-CHRIST tout seul, luy plaist extrémement. Il permet même ces Tentations, pour estre recherché de nous, & pour nous receuoir en nostre affliction & en nostre peine.

Par cette voye on se met à couuert des persecutions du Demon. Car il est forcé de les interrompre & de nous laisser en repos, à cause que nous tirons plus de fruit &

d'auantage de ses Tentations, que de preiudice.

L'Ame reconnoistra par sa propre experience, l'approbation que Dieu donne à cette maniere de combattre; Et elle verra par le grād repos, & par l'instruction merueilleuse qu'elle en receura, combien il est vtile dans cette sorte de Tentations, de resister en fuyant, & de se retirer en Iesvs-Christ.

Elle reconnoîtra qu'elle a besoin en ce temps de grandes forces qu'elle ne peut trouuer qu'en Nostre Seigneur, estant toute infirmité en elle-mesme & en sa Chair; & qu'elle ne doit pas pretendre d'effacer ces illusions, & d'étouffer ces sentimens par ses seuls efforts, qui seroient inutiles, & qui ne seruiroient qu'à luy blesser la teste, & à luy échauffer le sang.

Ces manieres d'agir auec effort, rendent la Tentation plus forte & plus sensible; C'est pourquoy il faut que l'Ame se resolue à se retirer intérieurement en IESVS-CHRIST, & à s'abandonner à la Iustice de DIEV, pour porter toutes les peines & toutes les afflictions qu'il luy plaira.

De l'Obeyssance.

CHAPITRE XIII.

L'Obeyssance est vne Vertu qui nous incline à suiure en tout la volonté de DIEV.

Les grands obstacles à cette Vertu, sont les attaches aux Creatures, & sur tout à nous-mesmes; parce que ce sont des biens qui nous arrestent, & qui nous empéchent de courir dans la voye des Commandemens de DIEV.

C'est pour ce suiet que dans l'ordre des vœux de Religion, on commence par la Pauureté & par la Chasteté pour en venir à l'Obeyssance; parce qu'il est necessaire d'estre degagé des biens exterieurs du Monde & des plaisirs de la Chair, pour estre libre dans les voyes de Nostre Seigneur IESVS-CHRIST.

C'est aussi pour ce sujet que S. Paul nous aduertit d'offrir nos corps comme des Victimes, & en suite de rendre vne Obeyssance raisonnable ; Presupposant la mort au Corps & à tous ses plaisirs, comme necessaire à la parfaite Obeyssance.

Obsecro vos, vt exhibeatis corpora vestra hostiam &c. rationabile obsequium vestrum. Ad Rom. 12.1.

Outre ces deux premieres attaches aux biens du Monde, & aux plaisirs de la Chair, qui sont deux grands obstacles à l'Obeyssance, il y en a encore vne troisiéme plus fâcheuse, qui est l'attache à son esprit, qui empesche la volonté de se soûmettre aux Ordres Superieurs.

Et c'est ce que Nostre Seigneur appelle la Prudence de la Chair, dont il parle par son Apostre, cõme de l'Ennemie iurée de DIEV,

*La Prudence de la Chair est mort. El-
le est ennemie de* DIEV. *Elle n'est
point soûmise à la Loy de* DIEV, *&
mesme elle ne le peut estre.*

Motifs de l'Obeyssance.

SECTION VNIQVE.

LE Premier Motif de l'Obeyssance, est la qualité de Creatures: Car en cette qualité nous deuons estre dans vne dépendance entiere de la volonté de DIEV, qui meut & qui viuifie toutes choses.

DIEV comme Estre vniuersel & Souuerain gouuerne tout le Monde: Tout obeyt à son Empire & à sa Voix; Il faut donc que toute Creature luy soit soûmise comme à l'Estre supréme.

Quand nous obeyssons à quelque Superieur, il faut toûiours auoir deuant les yeux de la Foy l'Estre Diuin, qui nous est representé par la Creature qui nous parle & qui nous gouuerne. Il ne faut point

*Prudentia carnis mors est. Ad Rom. 8. 6.
Inimica est* DEO. *Ibid. 7.
Legi Dei non est subiecta, nec enim potest. Ibid.*

In ipso viuimus, & mouemur, & sumus. Act. 17. 28

*Omnia seruiunt tibi. Psal. 118. 91.
Dixit & facta sũt. Psal. 32. 9.*

entendre autre chose que la Voix de Dieu, lors que nous entendons quelque Commandement que l'on nous fait, ou quelque Reglement qui nous appelle.

Le Second Motif, est la qualité d'Enfans de Dieu. C'est le propre d'vn Fils d'obeyr à son Pere. Nostre Seigneur comme le Fils parfait du Pere Eternel, luy a obey depuis le commencement de sa Vie iusqu'à sa Mort.

Il a vescu trente ans entiers sous la direction de Saint Ioseph & de sa Sainte Mere, enuisageant l'vn & l'autre comme des Images & des Figures de Dieu son Pere. L'Euangile ne fait point métion d'aucune Vertu de Iesvs-Christ pendant tout ce temps que de sa soûmission & de son Obeyssance. Il meurt aussi & sort du Monde comme il y estoit entré, & comme il y auoit vescu, à sçauoir par Obeyssance.

Nostre Seigneur en nous regene-

In capite libri scriptum est de me, vt facerem voluntate tuam: Deus meus volui; & legem tuā in medio cordis mei. Psal. 39. 8. Et erat subditus illis. Luc. 2. 51.

Factus obediens vsque ad mortem. Ad Philip. 2. 8. Oblatus est quia ipse voluit. Isa. 53. 7. Non mea voluntas, sed tua fiat. Luc. 22. 42.

rant, nous remplit de son Esprit & de sa Vie ; Il vient viure & operer en nous à la Gloire de DIEV, en la mesme maniere qu'il operoit en luy-mesme ; Il vient pour nous mouuoir en la direction des ordres de son Pere, & selon qu'il voit en luy ce qu'il desire d'vn chacun.

Non potest filius a se facere quidquam, nisi quod viderit Patrem facientem. Ioan. 5. 15.

Nostre Seigneur en cette vie auoit toûiours les yeux sur DIEV son Pere, & attendoit precisément les momens de sa Diuine volonté. Or son dessein est de continuer en nous la mesme exactitude, & de suiure auec la mesme ponctualité les ordres de son Pere.

Il nous veut tenir assuiettis à son Diuin Esprit, pour operer sous luy dans cette mesme dépédance; nous donnant l'Esprit qui nous fait agir sous sa conduite, comme de vrais Enfans de DIEV.

Le Troisiéme Motif, est la qualité de Seruiteurs rachetez de la Seruitude du Peché, & de l'Esclauage du Demon. Nostre Seigneur en nous rachetant, nous a deliurez de cette mal-heureuse & maudite captiuité. Il nous a assuiettis à son Pere, & nous a remis sous son Domaine.

Nous sommes donc à IESVS-CHRIST, comme à celuy qui nous a rachetez. *Vous n'estes plus à vous*, dit l'Apostre, à cause que vous appartenez à IESVS-CHRIST, qui vous a rachetez par le prix de son Sang, & qui vous a fait siens: Ainsi vous ne deuez plus viure dās vos droits; car vous n'en auez plus de propres: Vous auez passé d'vn Domaine en vn autre, & d'vne Tyrannie dans l'assuiettissement de IESVS-CHRIST, deuenans les Domestiques de sa Maison, & les Subiets de son Royaume.

Le Chrestien donc par l'inclination de son Esprit & de sa Grace, doit estre dans l'assuiettissement aux Loix de IESVS-CHRIST son Roy, duquel il se doit tenir glorieux d'estre Vassal. C'est pourquoy

Iam non estis veſtri; empti enim estis pretio magno.
1. ad Cor. 6.20.

il faut toûiours viure à luy, & iamais à foy. Car nous ne fçaurions viure à nous sans infidelité, sans iniustice, sans felonnie, & sans que Iesvs-Christ ait droit de nous reprendre.

Le Quatriéme Motif, est la qualité de Victimes. Car à mesme temps que Iesvs-Christ Nostre Seigneur nous acquiert à soy, il nous offre à Dieu, il nous y donne, & nous y consacre auec luy comme Victimes de son Pére.

De sorte que comme les Victimes consacrées à Dieu & destinées au Sacrifice, n'ont plus de droit sur elles mesmes; ainsi nous n'en auons plus aucun sur nous. Car au moment que Nostre Seigneur nous a liez à luy, & incorporez en luy par le Baptême, nous sommes consacrez en luy aux Autels de son Pére ; nous sommes morts à nous, & viuans à Dieu en Iesvs-Christ.

Nous ne sommes donc plus à

Existimate vos mortuos esse peccato, viuentes autem Deo, in Christo Iesu. Ad Rom. 6. 11.

nous, mais seulement à DIEV, attendant le temps de nostre Immolation & de nostre Sacrifice, en la maniere que les Victimes attendoient du grand Prestre le moment de leur mort & de leur Sacrifice.

Nous n'auons plus de droit sur nostre vie ny sur nostre estre ; nos puissances ne sont plus à nous pour en pouuoir vser ; elles doiuent estre en nous comme mortes ; nous auons mesme perdu l'vsage de nos Sens.

DIEV seul a droit sur tout ce qui est de nous, & a puissance d'en vser comme il veut pour son seruice : Car nous luy appartenons par vne consecration particuliere, & luy seul est le grand Prestre qui a droit de disposer de nous.

Le Cinquiéme Motif, est la qualité de Temples du Saint Esprit. C'est luy seul qui doit estre nostre Ame & nostre Vie, & qui seul nous doit mouuoir & diriger. Nous de-

Quicumque Spiritu Dei aguntur, ij sunt Filij Dei. Ad Rom. 8.14.

uons donc perdre & aneantir nostre propre volonté, pour luy laisser prendre la place, afin qu'il soit seul viuifiant & dirigeant les Mébres de IESVS-CHRIST en son pouuoir suprême. *An nescitis, quoniam membra vestra, templú sunt Spiritus Sancti. 1. ad Cor. 6. 19.*

Nostre Seigneur chassant l'Esprit malin Possesseur de son Temple & de ses Membres, les a remplis de son Saint Esprit, afin qu'il occupât sa maison, & qu'il fut le Gouuerneur fidele de la place. *Exi immunde Spiritus, & da locũ Spiritui Sancto Paraclito.*

Le Chrestien est fait vne Creature nouuelle par le moyen du S. Esprit: C'est pourquoy ce mesme Esprit détruit & consomme la propre volonté humaine, pour s'établir & s'insinuer en sa place. De sorte que comme il est la volonté personnelle en DIEV, il veut aussi remplir la volonté humaine de sa presence pour la rendre Diuine, & pour aneantir ainsi cette maudite faculté qui détruit & ruine le Chrestien. *Emittes Spiritum tuum & creabuntur. Ps. 103. 30.*

La volonté propre est l'ennemie

iurée du salut; elle s'establit en la place de DIEV. Luy seul a droit de nous regir, & la volonté le veut faire; Ainsi elle prend & occupe le lieu de DIEV.

Le Sixiéme Motif, est le tiltre de Morts, que nous portons comme Chrestiens. *Vous estes morts*, dit l'Apostre Saint Paul. Nous deuons donc estre Morts à tout nostre estre propre, & sur tout à nostre propre volonté, qui est la source & la racine de la vie d'Adam en nous.

C'est ce qui nous fait connoître la grande obligation que nous auons de la faire mourir par dessus toutes choses; car de sa Mort dépend la Mort de toutes nos propres operations. Auec elle tout est viuant; sans elle rien ne peut viure. C'est pourquoy il faut que nous estudions incessamment nos desirs propres, afin de les aneantir, & d'empescher qu'ils ne passent en attache.

Les

Les desirs seuls ne font pas l'attache ; mais si nous les suiuons, & que nous nous laissions aller auec volonté aux choses où ils nous portent, ils se changent en attache : Et lors que nous nous rendons encore indulgens à l'attache, la fortifians d'acquiescemens & de frequentes complaisances, l'habitude se forme ; en sorte que la volonté s'absorbe & s'abîme en elle-mesme, & ne peut plus qu'auec de tres-grandes difficultez se retirer ny se releuer du precipice.

Il faut donc estre tres-soigneux d'estouffer les desirs, qui sont les premieres productions de la vie de la volonté propre, lesquels dans leur naissance estans foibles & languissans, & n'estans point encore changez en habitudes fortes & arrestées, se détruisent aisément.

Les habitudes & les attaches emportent la volonté, & s'en rendent Maîtresses, de sorte qu'elle ne sçait comment s'en defendre: Mais les defirs font des Enfans qu'elle étouffe comme elle veut.

Le Septiéme Motif, est la qualité de Pecheurs, qui nous oblige d'estre sans propre volonté : Car nous deuons comme Penitens, & par le zele de Iustice, détruire la Place où s'est commis le crime de leze Majesté Diuine.

Dans la Iustice humaine, on couppe le poing aux Criminels, on leur tranche la teste, on rase leurs Places, & leurs Châteaux. Ainsi on doit détruire la propre volonté, qui est vn lieu de refuge pour tous les Reuoltez & Criminels, c'est à dire, pour tous nos defirs & pour toutes nos passions. Elle est la puissance qui a commis le crime; elle est la teste qui l'a resolu; elle doit estre tranchée: Elle est la Mere qui a conceu tous ces maudits Auortons, & tous nos defirs malins qu'il faut égorger à toute heure, aussi-tost qu'ils paroissent; Et cela iusqu'à la troisiéme & quatriéme generation.

Celuy qui ne hayt pas son Ame; c'est à dire, sa propre volonté, il ne peut pas estre Disciple de IESVS-CHRIST. Il n'y a rien qui soit plus à craindre & à fuir que la propre volonté: Elle derobe tout à DIEV; Elle ne peut iamais le regarder en ce qu'elle fait ; Tout ce qu'elle produit n'est que pour elle ; Elle est toûiours retournée & appliquée sur elle-mesme.

Si quis non odit animam suam, non potest meus esse Discipulus. Luc. 14. 26.

Le Saint Esprit seul, qui est cette Volonté Personnelle en DIEV, qui le regarde & le recherche incessamment & inflexiblement, venant en nous, redresse nostre volonté, & luy seul la releue vers DIEV en sa vertu.

Le soin du Chrestien doit donc estre de se laisser posseder & regir à cét Esprit de droiture & de Sainteté: Il doit laisser remplir sa volonté de la volonté de IESVS-CHRIST habitant en luy, &

P ij

viuifiant son Ame.

C'est en cét Esprit qu'on accomplit ce que dit l'Apostre : *Probetis qua sit volũtas Dei, bona, & beneplacens, & perfecta.* En Iesvs-Christ l'on accomplit tous les vouloirs de DIEV, soit ceux qu'il signifie par ses Commandemens, soit ceux qu'il declare par ses Conseils, soit ceux qu'il opere luy-mesme en son propre vouloir, & en sa propre volonté viuante en nous, qui est la volonté parfaite.

Ad Rom. 12. 2.
Voluntas Bona.
Beneplacens.
Perfecta.

De la Charité enuers le Prochain.

CHAPITRE XIV.

DIEV en créant l'Homme à son image & à sa ressemblance, ne luy a pas seulement communiqué son Estre, sa Vie, & ses Diuines Perfections, mais encore il a voulu qu'il luy fut semblable dans ses operations.

C'est pourquoy comme DIEV s'aime soy-mesme par tout ce qu'il est, & dans toute l'étenduë de ce qu'il est & de ce qu'il peut, en sorte qu'il ne peut pas s'aimer dauantage; Aussi il donne à l'Homme vn Commandement exprés de l'aimer de tout son Cœur, de toute son Ame, de tout son Esprit, & de toutes ses Forces.

DIEV veut que tout ce que l'Homme a en soy, soit employé à l'aimer, & qu'il soit tout perdu & consommé dans son Amour. Et comme il est tout Amour pour soy-mesme, & que tout ce qu'il a fait au dehors, il l'a fait pour l'amour de soy; aussi veut-il que l'Homme n'employe ses forces, & ne fasse rien que pour l'amour de DIEV.

Or non seulement DIEV a creé l'Homme à son image & à sa ressemblance, mais encore il a formé la Societé Humaine, sur le Modele de la Societé des Personnes de la tres-Sainte Trinité. C'eſt pourquoy comme dans cette adorable Societé, le Pere aime ſon Fils comme luy meſme, & il s'aime luy-meſme en ſon Fils; Et qu'il en eſt de meſme de l'amour du Fils enuers le Pere & enuers le Saint Eſprit, & de l'amour du S. Eſprit enuers le Pere & le Fils: Auſſi veut-il que l'Homme aime ſon Prochain comme ſoy-meſme.

De là vient qu'il luy a donné ce Second Commandement; *Vous aimerez voſtre Prochain comme vous-meſme*, que IESVS-CHRIST dit eſtre ſemblable au Premier, parce qu'il eſt encore conforme à la Vie Diuine & Eternelle des Perſonnes de la tres-Sainte Trinité.

C'eſt ainſi que Noſtre Seigneur nous a aimez. Car en parlant de l'Amour qu'il a pour les Hommes, il dit qu'il eſt ſemblable à l'Amour que ſon Pere luy porte: *Cōme mon Pere m'a aimé, ie vous ay aimez*. Le meſme Amour qu'il a pour moy,

Deuteron. 5.6.

Matth. 22.39.

Sicut dilexit me Pater, & ego dilexi vos. Ioan.15.v.9.

ie l'ay pour vous; Ce qui nous mōtre que l'Amour qu'il a pour le Prochain, est pris sur cét Amour que son Pere luy porte, & qu'il est vne imitation de celuy qu'vne Personne Diuine porte à l'autre, l'aimant comme vne autre elle-mesme.

Et c'est ainsi que Nostre Seigneur veut que les Hommes s'entr'aiment. C'est pourquoy il dit à ses Disciples; *Aimez-vous les vns les autres, comme ie vous ay aimez.* Et comme i'ay formé mon Amour que i'ay eu pour vous, sur celuy que mon Pere a pour moy, ie veux aussi que vous formiez celuy que vous deuez auoir l'vn pour l'autre sur celuy que i'ay pour vous, afin que le vostre aussi se rencontre tout conforme & semblable à celuy de mon Pere.

<small>Hoc est præceptū meum vt diligatis inuicem, sicut dilexi vos. Ioan. 15. 12.</small>

Des Conditions de la Charité enuers le Prochain.

SECTION PREMIERE.

Les qualitez & conditions de l'Amour enuers le Prochain, doiuent estre semblables à celles de l'Amour dont Dieu s'aime luy-mesme en son Fils, & dont son Fils aime les Hommes.

C'est pourquoy les exemples exterieurs de son Amour enuers les Hommes, doiuent estre le Modele de ce que la Charité nous oblige de faire exterieurement pour le Prochain; Et son Esprit interieur qui nous est donné, doit nous regir & nous animer interieurement en cette mesme Charité. Car on ne peut point executer ny accomplir parfaitement ce Saint precepte, que par cét Esprit qui est Dieu mesme.

Dieu qui est en nous, s'aime soy-mesme par son Esprit dans le

à la vie Chrestienne. 345

Prochain où il habite; & ainsi il nous le fait aimer, comme il s'aime soy-mesme. Car il se trouve tout en autruy, &. s'aimant par tout comme il merite, il s'aime infiniment dans le Prochain.

C'est pourquoy comme il anime nostre Cœur, qu'il le remplit de son mesme Amour, qu'il nous établit dans sa Vie, dans ses mouuemens, & dans ses mesmes inclinations, l'Ame suiuant les sentimens & les dispositions interieures de son Diuin Esprit, aime son Dieu dans le Prochain du mesme Amour & auec la mesme ardeur, dont elle aime Dieu en elle-mesme.

L'Ame ne doit point s'aimer qu'en Dieu, c'est à dire, entant que Dieu l'anime & la remplit: Et elle doit s'aimer en Dieu comme Dieu s'aime soy-mesme, à cause qu'elle est renduë participante de la Vie de Dieu. Ainsi elle doit aimer son Dieu, & s'aimer elle-

P v

mesme du mesme Amour. Et comme DIEV se trouue aussi dans le Prochain, elle le doit aimer du méme Amour qu'elle l'aime en elle-mesme.

DIEV s'aimant soy-mesme dans son Verbe, se donne infiniment à luy: Il s'y donne en plenitude, en sorte qu'il ne se reserue rien de ses Richesses ny de sa Gloire. Il est tout en luy, il y fait sa demeure & il y trouue sa Beatitude cõme en soy-mesme. Et quoy qu'il le fasse par necessité, il ne laisse pas de le faire par Amour: Sibien qu'il le fait par Amour necessaire: Car la necessité en DIEV ne peut empécher son Amour, parce qu'il est Amour en tout luy-mesme.

Ainsi en faut-il faire à l'égard du Prochain: Il le faut aimer de tout soy-mesme; Il faut se communiquer à luy de cœur & d'ame, de moyens, de presence; En vn mot, il ne faut rien auoir qu'on ne soit prest de verser en luy.

à la vie Chrestienne.

Les premiers Chrestiens qui viuoient de la Vie de DIEV, & dans la regle de l'Amour qu'il leur prescriuoit, & que le S. Esprit leur faisoit suiure, auoient tout en commun, comme IESVS-CHRIST a tout en commun auec son Pere. Et comme en DIEV il ne se trouue qu'vn Esprit & qu'vne volonté viuante en trois Personnes, m qu'il y a vne vnité parfaite de sentimens, de pensées, & de desirs; de mesme il est dit des premiers Chrestiens, qu'ils n'auoient qu'vne Ame, qu'vn Cœur, & qu'vne mesme Volonté. C'est la vie des Saints dans le Ciel, qui sont dans vne vnité parfaite; & ce doit estre aussi celle de tous les Fideles qui viuent dans l'Eglise.

Mea omnia tua sunt. Ioan. 17. 10

Erat cor vnum, & anima vna. Act. 4. 32.

Et c'est en quoy Nostre Seigneur a fait paroître, qu'il accomplissoit le premier les ordres qu'il prescriuoit aux Hommes, & qu'il satisfaisoit à la Loy de son Pere. Car estant le premier né d'entre ses freres, il deuoit le premier obeïr parfaitement à son Pere, & nous seruir de modele & de forme en la conduite parfaite de nostre vie.

Il imite son Pere en l'Amour eternel que son Pere luy porte, & témoigne en sa vie qu'il nous aime, comme son Pere l'a aimé de toute Eternité. *Ie vous ay aimé comme mon Pere m'a aimé.* Mon Pere verse en moy toute sa Substance; & moy ie vous communique la mienne en mon Saint Sacrement, & en ma Communion.

<small>Sicut dilexit me Pater, & ego dilexi vos. Ioan. 15. 9.</small>

Mon Pere me communique & me donne sa Vie; & moy ie vous donne la mienne, non seulement ne l'épargnant pas sur la Croix, & vous donnant iusques à la derniere goutte de mon Sang; mais vous communiquant encore mon Esprit qui est ma Vie.

Mon Pere me communique ses Richesses & ses Thresors; & moy ie vous communique les Dons de mon Esprit.

Il me donne sa Fecondité, si bien que i'ay de quoy produire vne Personne Diuine; Et ie vous donne la mesme Fecondité pour produire & engendrer des Enfans à Dieu & à la vie eternelle.

Il m'a donné toute puissance au Ciel & en la Terre: Il m'a donné pouuoir sur toute la Nature pour en faire comme ie veux, & pour en changer les ordres quand il me plaist & comme ie le desire: Et ie vous ay donné la force & la vertu par la presence de mon Esprit de faire ces mesmes choses, & encore de plus grandes, quand il en sera besoin pour la gloire de Dieu mon Pere & pour le bien de son Eglise.

Ie n'ay rien que ie ne vous donne, & tout ce que i'ay en moy, ie desire qu'il vous soit commun auec moy; de mesme que tout ce qu'à mon Pere, ie l'ay commun auec luy. Enfin comme mon Pere met en moy tout ce qu'il a & tout ce qu'il est; ainsi ie mets en vous tout ce que i'ay & tout ce que ie suis. C'est là la Loy de la Vraye & de la Parfaite Charité du Prochain.

Des Marques de la Vraye & Parfaite Charité enuers le Prochain.

SECTION SECONDE.

LA Vraye & Parfaite Charité se fait connoître par le grand Amour qu'on a pour tous les Hommes. Elle voudroit tout embrasser, iusques à se trouuer en feu, en ardeur, & en zele pour aller faire connoître & aimer DIEV par tout.

Cette Charité vniuerselle ne doit pas estre vne Chimere, comme elle se trouue en plusieurs, qui sont enflammez de zeles generaux par esprit de Superbe & d'Amour propre qui se plaist aux grandes choses, & qui veut auoir part aux œuures éclatantes & extraordinaires.

Elle doit paroître à l'égard de châque particulier à qui on doit vouloir & faire du bien autant que l'on peut, l'assistant de son bien & de ses peines en ses necessitez, & contentant par vne douceur & cordialité Chrestienne, tous ceux qui se presentent pour receuoir quelque soulagement.

La Charité pure est sans tendresse exterieure, & sans épanchement sensible qui paroisse. Elle se lie les cœurs auec vne telle pureté, que quoy qu'elle les gagne tous, & que par vne secrete operation de Dieu, elle les tienne vnis & liez intimement à soy, neanmoins pour l'exterieur, elle ne les tient pas liez. Et c'est là l'effet de la liberté de l'Amour saint & pur, qui dégage de la liaison sensible & exterieure, ceux qui sont liez & vnis en Dieu.

Cette Diuine Charité ne s'épuise & ne se lasse iamais : Elle donne lieu au Prochain dans son besoin, d'auoir toûiours recours à elle en quelque lieu & en quelque rencontre qu'il se trouue, sans crainte de rebut.

Elle a aussi cét effet merueilleux qui l'accompagne toûiours, & qui en est vne marque infaillible, qu'elle tient tout en vnion & liaison, ne s'attirant iamais personne en sorte qu'elle la separe pour cela des autres, ou de son deuoir & de ses obligations.

Son Amour fait que toutes choses se lient ensemble. Elle sert cōme de Centre ou toutes les lignes aboutissent & se viennent reünir. Et au lieu que la fausse Charité diuise les personnes vnies pour se les appliquer à elle seule ; la vraye tient en vnion les personnes les plus éloignées d'inclination ; & les plus diuisées sont maintenuës en societé par ses soins.

La Parfaite Charité du Prochain

à la vie Chrestienne. 353

porte conjouïssance auec luy de ses biens, comme s'ils estoient nostres: Et de mesme que DIEV se réiouït dans les biens de son Fils, & le Fils se réiouït aussi de tous les biens du Saint Esprit comme estans siens; Ainsi il faut nous réiouïr du bien de DIEV dans le Prochain, & le regarder comme nostre. De là vient, que si la Charité en nous est parfaite, & si c'est DIEV qui l'opere veritablement en nostre Cœur, il se réiouïra & se dilatera en nous en la presence des biens du Prochain.

Ainsi nostre Seigneur se réiouït interieurement par l'operation du Saint Esprit à la presence des Saints Apostres, qui rapportoient les effets admirables de son Pere sur eux: Il se réiouït de voir ses Disciples reuêtus des Dons & des Richesses de son Esprit: Il se réiouït par aduance de toutes les operations, dont cét Esprit Diuin deuoit vn iour orner & en- *In ipsa hora exultauit Spiritu Sancto, &c. Luc. 10. 21.*

richir son Eglise par les merites de sa Mort, qui estoit vn Mystère caché aux yeux des Sages & des Prudens, & qui ne deuoit estre connu que des Petits, lesquels estans soûmis à la conduite de l'Eglise & de leur Chef, verroient que le plus infirme de la Nature, à sçauoir le Fils d'vn Charpentier, ce pauure honteux & miserable deuant le Monde, remuëra tout le Monde, & renuersera tous les Estats, les Monarchies & les Empires par la vertu & l'efficace de son doit, qui est le Saint Esprit en ses Dons, lesquels ne sont à l'égard de ce même Esprit consideré en sa Substance, que comme le doit de l'Homme à l'égard de tout le Corps.

Luc. 1. C'est ainsi que l'Esprit de Dieu se réioüit en S. Iean, & en Sainte Elizabeth, dans le bon-heur qui estoit arriué à la Sainte Vierge, qui auoit esté faite Mere du Fils de Dieu, & ainsi Espouse du Pere Eternel : Car elle deuient Principe auec luy de la Generatiõ temporelle du Verbe, faisant auec luy dans l'Incarnation, ce qu'il fait luy seul dans l'Eternité.

Et c'est là l'operation la plus admirable, & l'eleuation la plus Diuine où puisse aller la Creature, d'entrer auec le Pere Eternel en societé de sa Fecondité en la Generation réelle de son Fils.

La Vertu la plus haute, la plus sublime, & la plus parfaite du Tres-haut, est sa Fecondité; & c'est celle qu'il communique à la Sainte Vierge en l'épousant, pour operer auec elle la Generation temporelle du Verbe Eternel.

Elle est faite en mesme temps le Temple du Saint Esprit dans la plenitude la plus pure & la plus abondante qui puisse estre. Comme elle estoit destinée pour estre la Mere de IESVS-CHRIST, elle a receu la plenitude de la Grace; ce que l'Ange reconnoît par ces paroles. *Ie vous salue* *Aue gratia plena. Luc. 1. 28.*

pleine de grace. C'est pourquoy elle est la plus pure, la plus Diuine, & la plus parfaite Creature qui puisse estre. Et c'est de cette plenitude de perfection que procede sa Fecondité Maternelle, comme la Fecondité de Dieu n'aist de l'exuberance de sa Substance parfaite & de son Estre Diuin. Ainsi les Arbres ne produisent leur fruit que par la surabondance & le surcroît de la séve qui est en eux.

Mais quoy que cette Mere admirable soit remplie de la perfection necessaire à la Fecondité Diuine, elle reçoit encore des Graces & des Dons par vne surabondance merueilleuse. C'est ce que l'Ange luy dit; Le Saint Esprit suruiendra en vous pour y operer de grandes choses, & qui surpassent toute la plenitude des biens qu'il vous a déja communiquez. C'est le sujet de la ioye de Sainte Elizabeth, qui se réiouït autant de ce bon-heur de sa Sainte Cousine,

<small>Spiritus Sanctus superueniet inte. Luc. 1. 35.</small>

que si c'estoit le sien propre.

Et mesme la Sainte Vierge en la Contemplation de Iesvs-Christ qui vient en elle auec la plenitude de la Diuinité de son Pere, se réiouït en Esprit; Elle se réiouït des biés de Iesvs-Christ; Elle se réiouït de la plenitude de Dieu en luy, qui l'a reuêtu des thresors de sa Sagesse & de sa Science; C'est ce qui fait en elle le grand suiet de sa ioye.

Exultauit Spiritus meus: in Deo salutari meo. Luc. 1, 47.

Elle se réiouït encore de ce que l'Eglise doit estre reuêtuë & remplie de la plenitude de son Fils: Car c'est par son Esprit Diuin que tous les Fideles sont rendus participans de sa Grace & de ses Dons.

De plenitudine eius nos omnes accepimus. Ioan. 1. 16. Gratia & veritas per Iesvm Christvm facta est. Ioan. 1. 17.

Ainsi tous les Saints dans le Ciel se réiouïssent des Dons de Dieu qu'ils possedent, & ils s'en réiouïssent les vns pour les autres, chacun prenant part au bonheur de tous, & en faisant le sien propre.

En effet, ces Dons sont tous

communs, par vne Communion réelle & parfaite qu'ils ont entre eux des faueurs de Dieu, lesquelles ils s'entrecommuniquent par l'inhabitation commune qu'ils ont les vns dans les autres.

Ils sont par vne admirable ressemblance aux trois Personnes de la tres-Sainte Trinité, dans vne Circuminsession, demeurans les vns dans les autres, comme les Personnes Diuines & Eternelles demeurent les vnes dans les autres par leur Circuminsession.

C'est ce que Nostre Seigneur nous apprend par ces paroles : Comme ie suis en mon Pere, & que mon Pere est en moy par la communication de sa Substance & de sa Vie ; Et que nonobstant cela, il ne laisse pas de demeurer tout ce qu'il est, & moy tout ce que ie suis : Ainsi en est-il de vous autres ; Car ie suis de mesme en vous ; & vous estes tous consomez en moy, comme mon Pere & moy

Sicut tu Pater in me, & ego in te, vt & ipsi in nobis vnū sint. Ioan. 17. 21.
Ego in eis, & tu in me. Ioan. 17. 23.

sommes identifiez dans la simplicité & l'vnité d'vne mesme Essence.

Et comme mon Pere & moy sommes distinguez par les Caracteres de nos Personnes, quoy que pourtant nos biens soient communs, & que nous ne possedions rien en propre des Thresors & des Richesses de sa Substance cômune & Diuine ; Ainsi quoy que vous soyez tous consommez en moy, châcun pourtant demeure ce qu'il est, châcun conserue son Estre particulier, châcun est distingué par ses Dons, par ses Graces, & par son propre Caractere.

C'est l'Estat des Saints qui possedent tout IESVS-CHRIST qui est leur Substance commune. Car quoy que châcun possede tout l'Esprit, & toute la Vie de IESVS-CHRIST, l'vn pourtant n'est point l'autre, & châcun a son propre Caractere & son propre Don.

Ainsi dans la Sainte Eglise de la

Terre, aussi bien que dans celle du Ciel, comme tous les particuliers sont possedans Iesvs-Christ en sa Plenitude, que tous sont rendus participans de ses Dons, que tous communiquent à sa disposition Sainte, que tous ont part à son Diuin Esprit, qui est vn Esprit de ioye qui se dilate en se donnant & en se répandant dans le cœur des Fideles, tous se doiuent réiouïr de leurs biens communs, comme s'ils leurs estoient propres. Aussi voyons-nous que lors que cét Esprit est donné à quelque particulier, toutes les Ames pures s'en ressentent & s'en réiouïssent.

Saint Anthoine en mourant, remplit l'Eglise de douleur, parce que ce mesme Esprit cessa de se communiquer à luy en la Terre, dans cette ioye & cette dilatation dont les Ames de l'Eglise militante estoient renduës participantes quand il le receuoit ; estant vn de ceux

ceux de son temps, en qui l'Esprit de DIEV prenoit le plus ses complaisances.

Benissons DIEV de tout, & des biens qu'il a fait à l'Eglise du Ciel, & de ceux qu'il communique à l'Eglise de la Terre, dont chacun en son particulier est fait participant.

De la Maniere de faire ses œuures par le principe de la vie Chrestienne.

CHAPITRE XV.

LE Vieil Homme en nous veut tousiours agir, & par consequent se rechercher, parce que la Chair en nous, en l'estat où elle est, ne peut qu'elle ne cherche ses interests.

Comme elle ne veut point s'éleuer à DIEV, ny nous porter à luy, & qu'elle se cherche elle-mesme inceſſamment, elle doit eſtre rebutée au commencement de châque œuure en tous ſes deſſeins & en toutes ſes intentions. C'eſt pourquoy la Premiere diſpoſition que nous deuons auoir dans nos œuures, eſt de renoncer à nous-meſmes en toute propre recherche.

La Seconde choſe qu'il faut faire, eſt d'adorer l'Eſprit de Iesvs-Christ, qui éleuoit ſon Ame à Dieu dans toute la Pureté, la Sainteté & la Iuſtice poſſible. Il l'éleuoit à Dieu dans toutes les intentions les plus Saintes, & les diſpoſitions les plus pures qui puiſſent eſtre operées. Car l'Eſprit de Dieu en l'Ame de Iesvs-Christ, rendoit à Dieu le Pere autant d'honneur, de loüange & de gloire, qu'il en pouuoit receuoir.

La Troiſiéme choſe qu'il faut faire, eſt de demander à ce Diuin Eſprit qu'il répande en nous les dispositions dans lesquelles il nous veut establir pour la gloire de Dieu.

Enfin il faut se laisser à cét Esprit, afin qu'il éleue nostre Ame dans les intentions qu'il voudra pendant toute cette œuure, demeurans intimement vnis à luy en tout ce qu'il nous faudra faire.

Ainsi l'interieur de Iesvs-Christ, qui consiste en son Diuin Esprit remplissant son Ame de toutes les intentions & dispositions dont Dieu pouuoit estre honoré par luy & par toute son Eglise, doit estre toûiours deuant nos yeux, comme la source & le modele de tout l'interieur de nos Ames.

Et mesme il faut souuent offrir à Dieu ce Diuin Interieur en supplément du nostre, afin qu'il serue enuers luy de reparation de nos fautes. Nostre Seigneur mesme a bien voulu l'offrir souuent à Dieu à cette intention.

Il faut encore remarquer, que pour l'vnion que nous deuons auoir auec l'Esprit de Nostre Seigneur pour viure de la vie Chrestienne, & pour agir en Sainteté, il n'est pas necessaire de sentir en soy cét Esprit, ny de goûter par experience les sentimens & les dispositions de IESVS-CHRIST; mais il suffit de s'y vnir par Foy, c'est à dire, par volonté & par desir réel & veritable.

Et c'est ce que le Saint Esprit nous donne, pour nous faire agir selon le desir de Nostre Seigneur mesme, lors qu'il dit; *Que son Pere veut auoir des Adorateurs en esprit & en verité*; C'est à dire, des vrais Religieux & Adorateurs, qui soient separez d'eux-mesmes en verité sans rechercher leurs interests; & qui adherent réellement à l'Esprit de IESVS-CHRIST Religieux & Adorateur de DIEV le Pere: En quoy consiste la vraye Religion interieure & Chrestienne.

Veri Adoratores adorabũt Patrem in Spiritu & veritate. Nam & Pater tales quærit qui adorent eum. Ioan. 4. 23. Et eos qui adorant eum, in spiritu & veritate oportet adorare. Ioan 4. 24.

Lors que le Saint Esprit est en nous par la Grace, & que nous viuons separez du Peché, il suffit que nostre Ame par sa plus pure portion, c'est à dire, parce qu'on appelle esprit en elle, se tienne vnie au Saint Esprit, pour agir en sa Vie & en sa Sainteté.

Il faut mesme remarquer pour la consolation des Ames pures & Saintes, que Nostre Seigneur a seruy son Pere, particulierement dans le temps de sa Passion, par esprit & par la partie superieure de son Ame, sans en rien sentir en la partie inferieure & sensible.

La partie superieure de IESVS-CHRIST Nostre Seigneur estoit dans la gloire, & voyoit en la plenitude de sa lumiere, toute l'étenduë des intentions adorables dont DIEV le Pere pouuoit estre honoré. Il entroit dans ses intentions; il adheroit à l'Esprit qui les luy montroit, & qui les operoit en luy; & pendant que son Ame estoit dans le dégoût, la seicheresse & l'amertume, il sentoit opposition à ce à quoy son esprit consentoit, & qu'il vouloit pour la Gloire de son Pere.

Ainsi il ne faut pas nous mettre beaucoup en peine des seicheresses & des repugnances de la Chair, pourueu que nous fassions nostre deuoir, & que par la portion superieure de nostre Ame, qui est nostre esprit & nostre volonté, nous adherions au Saint Esprit qui est en nous pour agir en ses intentions & ses desirs.

Il faut s'y vnir auec vn pur esprit de Sacrifice & en Foy; c'est à dire, par vne connoissance insensible & obscure, mais toutefois certaine, que Dieu est en nous par son Saint & Diuin Esprit, pour aider nostre infirmité, qui ne peut d'elle-mesme s'éleuer à Dieu.

Spiritus adiuuat infirmitatem nostram. Ad Rom. 8. 26.

Lors qu'il voit en nous l'agréement des bons desirs qu'il nous donne, que nous ne voulons agir que pour sa gloire, que nous nous donnons entierement à luy, & que nous recherchons sa grace pour en estre secourus, il nous embrasse, il nous éleue, il nous sanctifie, & nous fait operer en esprit & en verité, sans pour cela se faire sentir à l'Ame, pour la sevrer de la Chair, & pour la tenir dans vne plus grande Sainteté & separation d'elle-mesme.

Cét Esprit est l'Esprit de toute la Religion Chrestienne, qui donne la vie à tous les Fideles, & la Vertu d'operer en Sainteté & en Iustice. C'est donc en luy en qui il se faut perdre incessamment se separant de soy-mesme, suiuant le precepte de Nostre Seigneur dans l'Introduction qu'il donne à la vie Chrestienne ; *Celuy qui veut venir apres moy, qu'il renonce à soy, qu'il porte sa croix, & qu'il me suiue.* Le veritable Disciple de IESVS-

si quis vult post me venire; abneget semetipsū, & tollat crucem suam, & sequatur me. *Matth.* 16.24.

Q iiij

CHRIST qui veut viure comme luy, doit renoncer en verité à soy; Il ne doit point se plaire en soy-mesme non plus que IESVS-CHRIST; mais il doit adherer au Diuin Esprit qui est en luy, il doit le suiure, & imiter la conduite de IESVS-CHRIST, qui n'a iamais fait sa volonté.

<small>CHRISTVS non sibi placuit. Ad Rom. 15. 3.</small>

Il viuoit dans vne adherence parfaite à l'Esprit de DIEV son Pere, & tenoit toûiours son Ame vnie à luy par la partie superieure & principale, pendant toutes les auersions, tous les éloignemens & toutes les contradictions qu'il permettoit s'éleuer en sa Chair. *Telle estoit la contradiction qu'il souffroit en luy contre luy-mesme.*

Et c'est la Troisiéme condition de ceux qui suiuent Nostre Seigneur, qui est d'adherer continuellement à l'Esprit par vne volonté arrestée, qui nous tienne toûjours en nostre deuoir au milieu des Croix & des contradictiõs, & qui nous éleue à DIEV sans nous plaire en nous-mesmes, pendant que nostre Chair qui veut toute autre chose que ce qu'elle doit, & qui ne peut estre soûmise à DIEV, luy contredit incessamment.

La Chair desire le contraire de ce que l'esprit desire : Or dans cette contradiction, il faut qu'vne partie de nous qui est l'esprit, adhere au Saint Esprit, auec lequel il ne doit estre qu'vn en ses desirs, en ses volontez, & en ses qualitez Saintes infiniment éloignées & éleuées au dessus de la Chair; pendant que l'autre portion de nous, qui est l'Ame en sa partie inferieure, adhere à la Chair.

Ainsi il faut estre dans la haine de l'Ame qui anime la Chair, & porter cette contradiction contre soy-mesme, & cette Croix perpetuelle. *Si quis vult post me* Luc. 9. 23.

venire, abneget semetipsum, & tollat crucem suam quotidie, & sequatur me.

FIN.

FAVTES.

Page 3. ligne 7. à satisfaire, *lisez*, pourquoy il n'ait satisfait abondamment. Page 104. l 16. indigné, *lisez*, indigne Page 215. l. 15 pour, *lisez*, de. Page 282. l. 16. de, *lisez*, dés. Page 316. l. 14. apres, ou, *adioustez*, aussi.

www.ingramcontent.com/pod-product-compliance
Lightning Source LLC
Chambersburg PA
CBHW060600170426
43201CB00009B/849